지혜의 보석상자

지혜의 보석상자

초판발행일 2009년 12월15일
초판인쇄일 2009년 12월 20일

지은이 심창희
펴낸이 방광석
펴낸곳 도서출판 화담
디자인 토마토
출판등록 제128-92-57198
주소 경기도 고양시 일산 서구 구산동 142-4
연락처 TEL(031)919-8400 FAX(031)919-8401
E-mail hd8400@naver.com
ISBN 978-89-87835-64-8 03810

값은 뒤표지에 있습니다.
잘못 만들어진 책은 바꾸어 드립니다.

지혜의 보석상자

심창희

인생의 사막을 건너는
지혜의 보석상자

사막을 헤매는 두 사람이 있었다. 한 사람은 지도를 가지고 있었고 한 사람은 없었다. 누가 사막을 빠져나왔을까? 운이 좋아 지도가 없는 사람이 나올 수도 있지만 십중팔구 지도를 가진 사람이 사막을 빠져나온다. 삶도 마찬가지다. 우리가 살아 있는 동안은 인생이라는 사막을 여행하는 중이다. 인생이라는 사막을 건너면서 지도가 있고 없고는 삶에 큰 차이를 가져온다.

지혜로운 사람의 눈은 머리 속에 있고, 사랑하는 사람의 눈은 마음에 있다. 보는 눈과 느끼는 눈, 그리고 세상을 사색하는 눈으로 우리는 깨달음과 지혜를 얻는다.

깨달음을 얻었다해서 인생의 사막을 무사히 건널 수는 없다. 깨달음을 통한 다양한 지식들이 생각에 머물러 있지 않고 세상을 살아가는 실천의 방법이 될 때 비로소 인생의 사막을 건너는 여정이 시작된다. 실천의 방법이 바로 인생의 사막을 건너는 지도이다.

"보았으면 느끼고,
느꼈으면 생각하고,
생각했다면 실천하라!"

지혜의 보석상자에는
우리가 삶에서 무엇을 얻을 것인가?
어떻게 살아야 할 것인가?
이런 물음에 대한
실천의 지도가 들어 있다.

상자를 열었다 해서 누구나 지도를 얻을 수는 없다.
보고, 느끼고, 생각하고
그리고 실천하는 사람만이
인생의 사막을 건너는 소중한 지도를
지혜의 보석상자에서 캐낼 수 있다.

1부
행복을 여는 보석상자

인내야말로 삶을 창조하는 최고의 기술이다 …013
고난이 미래의 문을 연다 …014
인생의 참다운 기쁨은 모험의 시간 속에 깃들어 있다 …015
강을 거슬러 헤엄치는 사람만이 물결의 세기를 알 수 있다 …016
삶의 가치는 끊임없이 노력하고 인내하는 데서 획득된다 …018
지금이라도 어리석은 선택을 하지 마라 …020
나는 이 세상에서 가장 고귀한 존재이다 …022
행동은 습관으로 변한다 …024
유리의 광채는 그 연약함을 위장하는 것이다 …025
희망은 날개를 가지고 있다 …026
한 치만 더 파고들자 …028
준비는 빛나는 미래를 열어준다 …030
천천히 서둘러라 …031
빈 그릇을 들더라도 가득 찬 것처럼 들어라 …032
민들레는 아스팔트에서도 뿌리내릴 틈을 찾는다 …033
방법이 틀리면 얻을 것이 없다 …034
모든 위기는 내 둘레에서 일어난다 …035
동정심도 지나치면 남에게 해를 입힌다 …036
당장의 위험을 피하려고 새로운 위험을 부르지 마라 …037
자신이 마음먹기에 따라 세상은 달라진다 …038
친구라도 때로는 적당한 거리가 필요하다 …040
자만하는 순간 비탈길로 내려서게 된다 …041
친절과 방심은 구별하라 …042
먼저 자신의 허물을 고쳐야 한다 …044
냉정하고 냉철하게 문제를 풀어가라 …045
다른 사람을 배려할 줄 아는 미덕을 갖춰라 …046
자기만의 줏대로 살아가라 …047
자신을 함부로 자랑하지 마라 …048
비판 없는 관계에서 배신이 일어난다 …049
질투는 자기 발전의 계기로 삼아라 …050

2부
꿈을 여는 보석상자

055 … 아부와 친절을 구별할 줄 알아야 한다
056 … 기적은 당신 스스로 만드는 것이다
057 … 소유의 노예가 되어 살아가지 말아라
058 … 욕심은 고통을 부르는 나팔이다
059 … 문제가 가리키는 달을 보라
060 … 죽 쒀서 개 주지 말자!
061 … 오늘의 실패는 성공을 위한 재산이다
062 … 욕심을 버리고 하나에 집중하라
064 … 자신의 현실을 똑바로 바라보라
065 … 친절과 배려는 미래를 위한 투자다
066 … 고집으로는 아무도 이길 수 없다
067 … 지금보다 신중하면 위험은 반으로 줄어든다
068 … 적어도 빈손은 소유하고 있지 않은가
069 … 자부심이 소인을 거인으로 만든다
070 … 게으름은 살아있는 사람의 무덤이다
072 … 스스로 위대한 인생을 창조하라
073 … 따스한 말 한 마디에 마음이 열린다
074 … 목청을 자랑하는 닭이 가장 먼저 목이 비틀린다
075 … 말하고자 하는 바를 먼저 실천하라
076 … 양심을 배신하는 일만큼 처참한 자기학대는 없다
077 … 창조적 모방과 흉내는 다르다
078 … 이기심은 사람의 눈 속에 있는 티끌이다
080 … 물 한 방울이 바위를 뚫는다
081 … 신중한 사람이 결국 승리한다
082 … 가장 고귀한 복수는 용서다
083 … 자랑이야말로 자신을 옭아매는 일이다
084 … 자신의 전부를 타인에게 맡기지 마라
085 … 스스로 높일수록 낮아지는 게 인격이다
086 … 올바른 판단력이 실력이다
087 … 위기는 방심하는 사람만을 사냥한다

3부
지혜를 여는 보석상자

인생은 단 한 번뿐인 경험이다 …091
질투는 행복을 파괴시킨다 …092
행복의 다른 이름은 만족이다 …093
거짓은 모든 죄악의 씨앗이다 …094
같은 잘못을 다시 저지르지 말라 …095
기다리지 말고 지금 도전하라 …096
단점이 가장 빛나는 보석이 될 수도 있다 …097
세 치 혀가 사람을 살리거나 죽인다 …098
나무는 클수록 그 뿌리가 깊고 단단하다 …100
말과 행동은 한 몸이어야 한다 …101
친절해서 손해 볼 것은 아무것도 없다 …102
작은 이익을 탐내다가는 큰 이익을 잃게 된다 …103
내가 베푼 친절은 반드시 돌아온다 …104
거절할 때는 분명하게 NO라고 말하라 …106
내 인생의 선택을 다른 사람에게 맡기지 마라 …108
용서할 줄 아는 사람이 자부심이 높다 …109
너무 서두르면 도리어 늦을 수 있다 …110
협력은 위대한 일을 성취하는 밑거름이다 …112
깊이 판 우물에서 맑은 물이 나온다 …114
돌이 될 것인가 다이아몬드가 될 것인가? …115
승자는 새벽을 깨우고, 패자는 새벽을 기다린다 …116
작은 실천이 큰 생각보다 낫다 …118
작은 일에 심술을 부리면 소인배가 된다 …119
잘못된 친절은 다른 사람에게 독이 될 수 있다 …120
어떤 고난이라도 지혜롭게 즐겨라 …122
무지 속에서 얻은 행운은 오래가지 않는다 …123
정직은 그대에게 주어진 백지수표다 …124
오늘 최선을 다하면 내일은 저절로 찾아온다 …126
꿈을 그리는 사람은 그 꿈을 닮아간다 …127
서로 도움을 줄 수 있는 친구가 진짜 친구다 …128

4부
사랑을 여는 보석상자

133 … 하나를 알면서 셋을 안다고 착각하지 말라
134 … 자신의 가치는 자신만이 결정할 수 있다
136 … 눈으로 보이는 것만이 진실은 아니다
137 … 그대는 자신이 생각하는 것보다 더 많은 것을 가지고 있다
138 … 자신의 결점을 돌아보고 다른 이의 결점을 비판하라
140 … 환경을 탓하지 말고 환경을 만들어라
141 … 높은 산에서 굽어지지 않는 나무는 꺾이기 마련이다
142 … 스스로 뽐내지 말라
143 … 시간 속에 마음이 쉴 수 있는 의자 하나 놓아두자
144 … 줏대를 잃으면 신뢰에도 금이 간다
145 … 습관이 사람을 만든다
146 … 어머니에게서 사랑을 배워라
147 … 얼마나 얻느냐보다 어떻게 사느냐가 중요하다
148 … 문제는 내가 어떤 친구가 될 수 있느냐다
149 … 어려운 문제에 집착하기보다 발상을 바꿔라
150 … 서로 다른 생각이 새로운 것을 만들어낸다
152 … 우정은 신뢰가 만든 오래된 약속이다
153 … 지나친 욕심은 자신을 가두는 함정이다
154 … 재능에 날개를 달아라
155 … 나만의 사과나무를 심어보자
156 … 따뜻한 삶을 원하거든 내 탓이오라고 말하라
158 … 지금 이 순간을 가장 인간답게 살자
159 … 마음의 부자가 되라
160 … 더불어 누려야 행복이 커지는 법이다
162 … 명작은 한순간에 만들어지지 않는다
163 … 실현 불가능한 소망은 일찍 버릴수록 좋다
164 … 무지를 내세우면 많은 사람들에게 피해가 간다
166 … 삶 그 자체를 즐거움으로 받아들여라
168 … 욕망이 줄어들면 행복은 늘어난다
170 … 마음을 낮추는 것만으로도 그대는 지혜롭다

5부
성공을 여는 보석상자

아침이 찾아오지 않는 밤은 없다 …175
그럼에도 불구하고 다시 일어서라 …176
사람은 누구나 위대해질 수 있다 …177
지식만으로는 경험을 이기지 못한다 …178
풀리지 않는 일은 전문가의 손을 빌려라 …180
어리석은 배움은 독이 될 수 있다 …181
당신은 땀으로 보물을 만드는 연금술사다 …182
위기는 다시 오지 않는 기회다 …183
양초의 심지에 불을 붙이듯 신념에 불꽃을 붙여라 …184
최선을 다해 일을 하는 태도가 중요하다 …185
아집은 마음을 절룩거리는 일이다 …186
사람은 믿음을 잃었을 때 가장 비참해진다 …188
불가능하다는 선입관을 버려라 …190
성공하려면 지금 일을 시작하라 …191
자신의 잘못을 인정하기는 매우 어렵다 …192
관심을 갖게 하고 싶거든 다른 사람에게 관심을 표시하라 …194
고통은 사람을 강하게 만든다 …196
기쁨이나 즐거움은 다른 사람과 화합함으로써 생긴다 …197
칭찬하고 충고하는 태도를 가져라 …198
자신감은 성공으로 이끄는 제1의 비결이다 …199
좋은 습관은 행운과 부를 부르는 주문이다 …200
당신의 신념을 믿어라 …201
그날 그날의 시간이야말로 인생의 양식이다 …202
양보하는 사람이 지혜로운 사람이다 …204
노력만 한다면 단점도 장점이 될 수 있다 …206
더 큰 것을 원한다면 먼저 버리는 것을 배워야 한다 …208
실패에는 또 다른 기회가 숨어 있다 …210
문제는 작업복을 입고 있는 기회이다 …212
삶은 새로운 것을 받아들일 때 발전한다 …214
운명은 스스로 개척해 나가는 것이다 …216
사랑은 가장 어려운 상황에서도 이겨낼 수 있는 힘을 준다 …218
기회를 얻을 수 있는 실력을 갖춰야 한다 …220
하나의 목적을 세우고 이루기 위하여 집중하라 …221
온화한 마음이 더욱 좋은 관계를 맺게 해준다 …222

1

행복을 여는
보석상자

인내야말로 삶을 창조하는
최고의 기술이다

황무지에 한 농부가 서 있다. 그는 거친 황무지에서 삽질을 한다. 한 번 하고나서 그는 잠시 후에 다시 삽질을 한다. 그의 몸은 땀으로 젖어 있고 주름살이 깊게 패인 이마에도 땀방울이 맺혀 있다. 그러나 그는 삽질을 멈추지 않는다. 황무지를 기름진 땅으로 만드는 것은 멈추지 않고 일한 그의 손길이다. 인간의 역사는 그렇게 만들어졌다.

꾸준히 참는 사람에게는 반드시 성공이라는 보수가 주어진다. 잠겨진 문을 한 번 두드려서 열리지 않는다고 돌아서서는 안 된다. 오랜 시간 동안 큰 소리로 문을 두드려 보아라. 누군가 단잠에서 깨어나 문을 열어 줄 것이다. 살다보면 삶의 과정에서 평탄한 길도 있지만 언덕길을 만날 때도 있다. 위대한 업적은 결코 하루아침에 이루어지지 않는다. 그 업적에 필요한 용기와 시간, 그리고 노력을 투여할 때 얻을 수 있는 것이다. 세상의 어떤 일이건 한 방울의 땀들이 모여서 그 결실을 맺는다. 인내심은 지혜를 얻을 수 있는 좋은 방법이다.

고난이
미래의 문을 연다

사람을 사람답게 만들고 지혜를 얻도록 만드는 것은 바로 고난과 시련이다. 시련을 겪기 이전에는 참다운 사람이 되지 못한다. 배를 곯아 본 사람만이 음식의 소중함을 알 듯 당신도 시련을 통해 진정한 자아(自我)를 찾게 된다. 인생을 살아가면서 평탄한 길만 걸어간다면 그 얼마나 따분하고 심심한 것이 되겠는가? 당신의 앞을 가로막는 장애물이 나타나더라도 그것을 헤치고 나아감으로써 미래의 문은 열리고, 지혜를 얻게 되고, 운명을 개척해나갈 수 있는 것이다. 작은 실패를 두려워하지 말고 당신이 그토록 원하는 미래의 꿈을 달성하기 위해서는 새로 시작한다는 마음가짐으로 다시 일어나 전진하라. 그 꿈은 그리 먼 곳에 있지 않음을 느끼게 된다.

그것을 대면하라. 항상 그것을 대면하라. 그것이 바로 모든 문제를 해결하는 길이다. 그것을 대면하라! 그것은 누구나 할 수 있는 것이다! 승자는 고난 속에 뛰어든다. 패자는 고난의 변두리에서만 맴돈다. 긍정적으로 생각하는 사람들에게는 고난이란 단지 배움의 기회일 뿐이다.

인생의 참다운 기쁨은
모험의 시간 속에 깃들어 있다

폭포의 근원지를 알기 위해서는 절벽 위로 올라가야 하듯이 인생의 참다운 기쁨을 얻기 위해서는 어떠한 모험을 마다해서는 안 된다. 마찬가지로 세상을 알려면 세상에 발을 딛고 가슴을 세상을 안고 그 세상을 부대껴 느껴보아야 한다. 당신이 당신의 마음을 열어두면 날마다 새로운 모험을 시도할 수 있다. 우리가 믿고 있는 진리나 지식도 한낱 우연히 발견되거나 발명된 것은 없다. 흙에 지나지 않던 것이 도공의 손을 빌리고 뜨거운 가마 속에서 오랜 시간을 견디어 훌륭한 도자기가 탄생하듯 가만히 앉아있어서는 아무 것도 이룰 수 없다. 당장 일어나 세상으로 나가라. 어떤 험난한 고난과 파도가 기다리더라도 그것을 즐기며 이겨내야 한다. 그것을 벗어났을 때 비로소 인생의 기쁨을 누릴 수 있게 된다.

아주 작은 양의 철도 목적에 따라 적절한 모양으로 열쇠를 만들면 10톤이나 되는 문도 열 수 있다. 마찬가지로 적은 양의 생각, 노력, 시간도 올바르게 사용하면, 당신이 바라는 물질적, 정신적 보물을 가리고 있는 문을 열 수 있다. 인간으로 살아간다는 것은 곧 끊임없이 문제들에 부닥친다. 사람들의 삶이란 이런 문제에 부닥쳐 사랑하고 웃고 울고 애써 시도하고 일어나고 넘어지고 다시 일어나는 그 과정에 의미가 있는 것이다.

강을 거슬러 헤엄치는 사람만이
물결의 세기를 알 수 있다

러시아의 소설가 안톤 체홉은 성적이 나빠 두 번이나 낙제를 했다. 후일 세계적인 작가가 된 그가 국어 때문에 낙제를 했던 적도 있다. 그리고 과학자로 유명한 아인슈타인은 다섯 살이 될 때까지 지진아였다. 그는 그 때까지 말도 제대로 하지 못했다. 이런 두 인물 외에도 많은 위인들의 일화가 있다. 처칠도 낙제를 했던 학생이었고 링컨도 대통령이 되기 전까지 사회의 낙오자로서 수많은 좌절을 겪어야만 했다. 어떤 일에 도전할 때 힘이 부쳐 잠시 쉴지라도 휴식을 취한 뒤에 다시 그 일에 도전하라. 그러면 언젠가는 그 일을 이룰 수 있게 된다. 고난에 빠졌을 때 좌절하거나 포기하지 말라. 강을 거슬러 헤엄치는 사람만이 물결의 세기를 알 수 있는 것이다. 어떤 성공이던 그 바탕에는 많은 실패와 좌절이 있었던 것이다. 당신에게 중요한 것은 실패를 하였을 때 그 원인을 냉철히 분석하고 그 속에 숨어있는 성공의 열쇠를 찾아내는 일이다. 어떤 역경이 당신에게 닥쳤을 때 그것은 고난인 동시에 하나의 기회라는 것을 명심하라.

다름 아닌 자신에게 전력을 다하고 충실하라. 자기를 내버려두고 남의 일에 정신이 팔려 있는 사람은 자신의 갈 길을 잃어버린 사람이다. 당신은 바로 자기 자신의 창조자이다. 세상에서 가장 좋은 벗은 나 자신이며, 세상에서 가장 나쁜 벗도 나 자신이다. 나를 구할 수 있는 가장 큰 힘도 나 자신 속에 있으며, 나를 해하는 무서운 칼날도 자신 속에 있다. 이 두 가지, 나 자신 중에서 어느 것을 좇느냐에 따라 운명이 결정된다. 자신의 능력을 믿어라. 자신의 능력을 믿고 노력하는 사람에게는 반드시 성공의 문이 열린다. 사람에 따라 그 시기가 빠르거나 늦을 뿐이다.

삶의 가치는 끊임없이 노력하고 인내하는 데서 획득된다

벌은 이 세상에서 가장 부지런한 일꾼 중에 하나로 비유되는 곤충이다. 사람들은 벌이 부지런하다는 것은 알지만 벌이 얼마만큼의 일을 해서 꿀을 얻는 것인지 잘 모른다. 벌이 꿀을 모으는 것은 사람들이 상상하는 것 이상으로 일을 해서 모은다. 벌이 약 370그램의 꿀을 생산하기 위해서는 5만 6천여 개의 클로버 꽃을 찾아가야 한다. 그리고 각 꽃에 60개의 꽃 관이 있기 때문에 식탁에 370그램의 꿀이 놓이기 위해서는 벌은 무려 3백60만 번의 꽃 관을 드나들어야 한다. 너무 어렵다고…, 좀 더 쉽게 설명해 달라고, 그럼 좀 더 쉽게 설명해 보자. 빵에 필요한 꿀 한 수저를 생산하기 위해서 벌은 적어도 4천2백회 이상의 '비행'을 해야 한다. 그리고 한 번 나가면 평균 20분 동안 날며 400여 개의 꽃을 찾아가야 한다. 그래서 작은 양의 꿀이 만들어진다. 이런 노동의 대가들이 모여져서 사람들이 먹는 꿀이 된다. 벌이 이렇게 하여 꿀 한 수저를 만들 듯이 세상에는 단숨에 이루어지는 것은 없다.

사람들은 당장에 많은 결과물을 원하고 또한 자신이 일한 것 이상으로 많은 돈을 벌기를 꿈꾸고 있다. 그러면서 조금이라도 자신의 생각대로 일이 되지 않으면 사람들은 자신이 하던 일을 너무나 쉽게 포기하고 세상을 원망한다. 그러나 삶의 가치는 끊임없이 노력하고 인내하는 데서 획득하는 일이다. 삶을 조금이라도 더 보람 있게 살고 싶다면 지금이라도 자신의 일을 열심히 하고 인내의 가치를 깨달아야 한다. 그래야 자신이 원하는 것을 얻을 수 있다.

지금이라도
어리석은 선택을 하지 마라

철새들은 때가 되면 먼 거리를 이동하여야 한다. 기러기 무리들이 머물던 곳에 여름이 가고 어느덧 짧은 가을이 되었다. 그리고 곧 겨울이 닥쳐올 예정이었다. 그래서 기러기들은 남쪽으로 이동해야만 했다. 한 달 이상 날아야 하는 힘든 비행이다. 그 무리 중에 어린 기러기가 있었다.
"난 우리 무리의 어른들이 싫어. 이래라저래라 너무 고리 타분해. 지금도 그들은 나를 성가시게 해. 남쪽으로 이동하는 것에 대해서도 그들은 엄격하게 통제를 했고 개인행동을 하지 못하게 했어. 난 그것이 불만이야."
그러던 어느 날, 어린 기러기가 문득 아래를 내려다보니 그곳에는 맛있는 먹이가 너무도 많이 있었다. 그리고 기후도 생각보다 따뜻했다. 어린 기러기는 마침 배고프던 차에 먹이가 있는 곳으로 무리들 몰래 내려갔다. 그곳에 내려가 실컷 먹이를 주워 먹었다. 먹이를 먹고 조금 힘내서 쫓아가면 가족들과 동료 기러기들을 찾아갈 수 있다고 생각했다. 어린 기러기가 먹이를 그만 먹고 하늘을 보자 그들은 사라지고 이미 없었다. 어린 기러기는 결국 그곳에 눌러앉아 살게 되었다. 그러나 곧 이어 닥친 혹독한 겨울을 어린 기러기가 이겨낼 수는 없었다.

어린 기러기는 한 순간에 잘못된 선택으로 인하여 가족들과 헤어지고 동료들과 헤어져서 혼자 너무나 쓸쓸하게 있다가 곧 죽어버렸다. 그런데 어린 기러기만이 아니라 사람들도 때때로 어린 기러기처럼 눈앞의 이익만 생각하다가 종종 정말로 소중한 것을 잃어버리곤 한다. 그래서 결국 자신이 가지고 있던 장래의 꿈을 그르치기도 한다. 지금이라도 어린 기러기와 같은 어리석은 마음과 행동을 가져서는 안 된다. 오늘의 달콤한 유혹에 빠져 그것에 안주한다면 결국 내일을 잃어버리고 만다.

나는 이 세상에서
가장 고귀한 존재이다

어떤 나라에 아주 훌륭한 정원이 있었다. 세상에서 온갖 아름답고 고귀한 식물들을 다 심어놓은 정원이었다. 민들레도 그 정원에서 자라고 있었다. 이 정원에 심어진 다른 것들과 비교할 때, 민들레는 작고 어쩌면 보잘 것 없는 것이었지만 민들레는 행복했다. 그런데 어느 날부터인가 정원에 큰 변화가 일어났다. 정원에 있는 꽃과 나무들이 모두 죽어가고 있었다. 깜짝 놀란 정원사는 먼저 키가 짤막한 참나무에게 왜 죽어가고 있느냐고 물었다. 그랬더니 참나무는 전나무처럼 키도 늘씬하지 못한 몸이 살아서 무엇 하겠느냐고 대답했다. 그리고 키가 큰 전나무에게 죽어 가고 있는 이유를 물었더니 포도나무처럼 좋은 열매도 맺지 못할 바에야 차라리 죽는 게 낫다는 것이었다. 정원사는 포도나무를 찾아가서 죽어 가는 이유를 물었다. 그랬더니 포도나무는 '장미처럼 아름다운 꽃을 피울 수 없을 바에야 살아서 뭘 하겠어요' 이렇게 말하며 눈물을 흘렸다. 그런데 작고 가냘픈 민들레는 다른 나무와 풀이 그러더라도 싱싱하게 꽃을 피우고 있었다. 그러자 정원사는 그 이유가 궁금한지 민들레에게 그 이유를 물었다. 민들레는 정원사에게 이렇게 대답했다.
"나는 이 세상에 단 하나뿐인 존재예요. 그리고 나는 내 자신을 사랑해요. 또한 이 정원을 사랑하고 있어요. 그렇기에 내가 할 수 있는 일에 최선을 다할 뿐이에요."

작은 꽃에 불과한 민들레도 자신만의 독특한 빛깔과 향기가 있어. 그것처럼 사람에게도 누구나 자기에게 알맞은 빛깔과 향기가 있다. 그리고 그 빛깔과 향기는 남이 만들어 주는 것이 아니라 자기 스스로 자신을 사랑하며 끊임없이 가꾸어 나가는 과정에서 만들어진다. 아름다운 정원이 키가 큰 나무와 작은 나무가 어울리고 큰 꽃과 작은 꽃이 서로 어울려 만들 듯이 아름다운 세상도 각자 독특한 빛깔과 향기를 가지고 있는 한 사람, 한사람이 모여 만드는 것이다. 그러기에 결코 남과 자신을 비교하며 좌절하거나 포기해서는 안 된다. 이 세상에서 오직 하나뿐인 자신을 소중히 여기며, 보다 나은 내일을 생각하는 사람이 결국에는 행복해진다.

행동은
습관으로 변한다

행동을 취할 때는 긍정적으로 생각하고 적극적으로 임하여야 한다. 그러한 행동을 지속적으로 하다보면 습관으로 정착하게 된다. 아무리 당신이 능력을 가지고 있다고 해도 소극적이고 부정적인 생각으로 행동을 하게 되면 결과는 결과대로 안 좋고 부정적인 생각이 습관화되어 어떤 일을 해도 자신이 없고 좋지 않은 결과를 먼저 떠올리게 되어 일의 능률을 떨어뜨리게 된다. 하지만 능력이 조금 부족하다고 해도 할 수 있다는 자신감과 좋은 결과를 얻을 수 있다는 긍정적인 생각을 가지고 행동을 취하면 당신의 능력 이상의 결과를 달성하게 된다. 게으름이 습관화된 사람은 만사가 귀찮아 행동을 취하지 못하며, 부정적인 것이 습관화된 사람은 나쁜 결과만을 생각해 행동을 취하지 못하게 된다. 습관이란 자신도 모르는 사이에 자신의 일부가 되어 버린다. 이런 나쁜 습관이라면 당장 제거하도록 해야 할 것이다.

매사에 긍정적이고 자신감이 넘치는 사람은 다른 사람의 존경을 받게 된다. 좋은 습관이 당신의 인생을 결정짓게 한다.

유리의 광채는
그 연약함을 위장하는 것이다

세상에 영원한 것은 없다. 시대가 변하고 살아가는 여건이 틀리면 그 기준과 가치는 다르기 마련이다. 자신의 거짓을 가리기 위해 능숙한 말솜씨와 예절로 겉을 화려하게 치장한 것들이 너무도 많이 있다. 유리는 조그마한 빛에도 보석처럼 화려한 광채를 내지만 보석이 아니다. 보석은 아무리 강렬한 빛을 받아도 은은한 광채를 낼뿐이지만 보석으로서 가치를 인정받는다. 이처럼 거짓은 진실을 숨기고 겉으로 드러난 속임수이다. 이러한 거짓은 어리석은 자들을 속임으로써 환희를 느낀다. 어리석은 자들은 유리의 화려한 광채에 이를 줍지만, 지혜로운 자는 거짓으로 치장된 유리보다 은은한 빛을 발하는 진실된 보석을 줍는다. 진실과 거짓을 판단하기란 그리 쉬운 것만은 아니다. 그러하니 세상을 가치 있게 살고 싶은 사람은 그 진실을 제대로 볼 수 있는 지혜를 길러야 한다.

지혜로운 사람이 하는 일은 쌀로 밥을 짓는 것과 같고, 어리석은 사람들이 하는 일은 모래로 밥을 짓는 것과 같다. 수레의 두 바퀴처럼 행동과 지혜가 갖추어지면 새의 두 날개처럼 나에게 이롭고 남도 돕게 된다.

희망은
날개를 가지고 있다

희망은 날개를 가지고 있다
희망은 우리의 영혼 속에 머무르면서
비록 가사 없는 노래일지라도
결코 멈추지 않는다

거센 바람 속에서 더욱 아름답게 들리리라
바람도 괴로워하리라
하늘을 나는 작은 새를 괴롭힌 일로 해서
폭풍 속을 나는 작은 새는
많은 사람의 마음을 따듯하게 해주었는데

모든 것들이 얼어붙는 추운 나라,
저 멀리 떨어진 바다에서 그 노래를 들었다
그러나 고통 속에 있었으나
한 번이라도
빵 조각을 구걸하는 일은 하지 않았다

이 세상을 움직이는 힘은 희망이다. 얼마 후 성장하여 새로운 종자를 얻을 수 있다는 희망이 없다면, 농부는 밭에 씨를 뿌리지 않는다. 아이가 태어난다고 하는 희망이 없다면 젊은이는 결혼을 할 수가 없다. 이익을 얻게 된다는 희망이 없다면 장사꾼은 장사를 할 수가 없다. 세상의 일을 어떤 시각으로 보느냐에 따라 인생의 방향이 완전히 달라진다. 어떤 절망적 상황에서도 희망을 잃지 않는 사람을 우리는 유능한 사람이라고 지칭한다. 희망이 있는 사람은 현재의 고난만을 주시하지 않는다. 오히려 그 고난의 터널을 꿰뚫어보고 그 고난 뒤의 열매를 생각하며 도전하는 사람이다.

에밀리 디킨슨 Dickinson, Emily Elizabeth : 1830-1886
청교도 가정에서 태어나 여자학원에 입학하였으나 중퇴하였다. 시 쓰는 일에 전념하며 평생을 독신으로 보냈다. 그녀의 시는 자연과 사랑을 배경으로 한 죽음과 영원 등의 주제를 많이 다루었다. 그녀가 생존하던 시대에서는 그녀의 시가 파격적인 데가 있었기 때문에 생전에는 인정을 받지 못했으나, 사후에 높이 평가받았다.

한 치만
더 파고들자

미국에서는 한창 금광 붐이 불기 시작하였을 때의 일이다. 사람들은 이곳저곳으로 금을 찾아 나섰다. 한 사람이 전 재산을 들여 금광 하나를 매입하였다. 그러나 열심히 땅을 팠지만 금맥을 찾지 못했다. 돈은 떨어지고 생계조차 걱정해야 할 단계에 이르게 되었다. 파산 위기에 몰린 그는 광산을 헐값에 팔아넘기지 않을 수 없게 되었다. 광산을 매각한 후로 술로 세월을 보내고 있었다. 그러던 어느 날 신문을 보고 놀랐다. 자신이 헐값에 판 광산에서 새 주인이 땅을 한 치쯤 파고들자 엄청난 금맥을 발견했다는 기사였다. 새 주인은 큰 부자가 되었다. 그는 광산을 판 것을 후회하였다. 그러나 그는 이 사실에 대해서 절망하지만은 않았다. 이 사건을 통해 그는 그의 일생을 바꿀 매우 중요한 교훈 하나를 얻었기 때문이다.
"한 치만 더 파고들자"
그는 이 신념을 가슴에 품고 보험설계사의 말단 사원으로서 그의 새로운 인생을 시작하였다. 그는 고객들을 끈질기게 설득해 불가능하게만 보이던 계약을 성사시켰다. '한 치만 더'라는 신념으로 일한 결과 불과 1년 만에 그 보험회사의 '세일즈왕'이 되었다.

만성적인 후회는 가장 해롭다. 잘못한 일이 있으면 회개하자. 그리고 고칠 수 있는 일이면 고치자. 다음에는 그런 일이 없도록 노력하자. 잘못한 일을 언제까지 후회만 하고 있을 수는 없지 않은가. 빨리 몸과 맘을 씻고 새 아침의 들녘을 달리자. 잘못을 저지르고도 후회할 줄 모르는 사람은 최저의 사람이요. 후회하면서도 고칠 줄 모르는 사람도 최저의 사람이다.

준비는
빛나는 미래를 열어준다

사람들의 소망인 행복은 어디에 있을까? 사람들마다 행복이 있는 곳에 대해 의견이 분분할 것이다. 그러나 분명한 것은 행복은 우리의 일상에 늘 숨 쉬고 있다. 바로 이런 사실을 깨닫는 것이 행복을 자신의 것으로 만드는 가장 중요한 첫걸음이다. 누구든지 이 세상에 태어날 때, 자신의 내면(內面)에는 종류를 셀 수 없는 무한한 가능성의 씨앗을 가지고 있다. 그 씨앗은 그 주인의 마음가짐과 행동에 따라 불행의 꽃이 필수도 있고 행복의 꽃이 필 수도 있다. 그 가능성의 씨앗이 제대로 성장하여 어떤 꽃을 피우느냐는 씨앗의 주인에게 달려 있다. 가능성의 씨앗이 싹을 틔우지도 못하고 죽어버리는 것이나, 싹을 틔우고 싱싱하게 자라나 푸른 잎과 화사한 꽃을 피우는 것은 모두 자신에게 달려 있다. 그 가능성의 씨앗이 죽지 않고 또 세상의 잡다한 해충(害蟲)들의 공격으로부터 이길 수 있는 것은 그 씨앗의 주인이 때를 맞춰 물을 주고 세심한 관심을 기울일 때만 가능하다.

행복, 그것은 바로 우리의 일상에 늘 숨 쉬고 있으며 자신 스스로가 만들어 가는 것이다.

천천히
서둘러라

몹시 목마른 비둘기가 옥상에 앉아 있었다. 비둘기는 탈진하기 바로 직전이었다. 그런데 저기 건너편 건물에서 무언가가 반짝거렸다. 그것은 시냇물처럼 맑아 보였다.
"물이닷!"
비둘기는 생각할 겨를도 없이 날아가 시냇물로 뛰어들었다. 하지만 비둘기는 날개가 꺾인 처참한 모습으로 길거리에 떨어졌다. 비둘기는 마지막 숨을 몰아쉬며 헐떡거렸다.
"아아…… 분명히 물이었는데."
하지만 비둘기가 부딪힌 것은 시원한 시냇물이 그려진 광고탑이었다.

목이 타서 죽을 지경이라면 눈앞에 보이는 게 없을 수도 있다. 하지만 급할수록 돌아가라는 말은 이런 상황에 꼭 필요한 지혜가 아닐 수 없다. 여유 부릴 시간이 없다고? 그러나 시간이 없다는 이유로 승산 없는 승부를 밀어붙이게 되면 한꺼번에 많은 걸 잃어버릴 수 있다. 정말 서둘러야 한다면 천천히 서두르자! 천천히 꼼꼼하게, 뚜벅뚜벅 서두르자!

빈 그릇을 들더라도
가득 찬 것처럼 들어라

개구리 두 마리가 연못에서 함께 살았다. 한여름의 더위에 연못이 말랐을 때였다. 그들은 새로운 삶터를 찾기 위해 연못을 벗어나 함께 길을 떠났다. 며칠을 헤매던 끝에 그들은 아직 마르지 않은 우물을 발견했다. 한 개구리가 말했다.
"우리 이 우물 안에 거처를 정하자. 먹이도 충분할 것 같고 편안한 집이 될 거 같아."
그런데 다른 개구리는 걱정스런 표정으로 대답했다.
"하지만 만약 이 우물이 말라버리면 어떡하지? 우리가 저렇게 깊은 곳에서 어떻게 빠져나갈 수 있겠어?"
그 우물은 세상에서 가장 깊은 우물이었다.

용기와 힘이 있더라도 신중하지 못하면 그것은 없는 거나 마찬가지다. 신중하게 쓰이지 않는 용기와 힘은 오히려 자신을 큰 위기에 빠뜨릴 수 있다. 빈 그릇을 들더라도 물이 가득 찬 것을 들 때처럼 하고, 빈방에 들어갈지라도 사람 있는 방에 들어가듯 하라는 말이 있다. 더구나 자신의 인생을 결정하는 일 앞에서라면 신중하고 또 신중해야 할 것이다.

민들레는 아스팔트에서도
뿌리내릴 틈을 찾는다

기억상실증에 걸린 한 남자가 의사를 찾아갔다. 그는 의사에게서 이런 진단을 받았다.
"당신의 기억을 되살리려면 당신의 시력이 손상될지도 모릅니다. 그렇지 않으면 방법이 없습니다. 선택은 당신이 하십시오. 기억을 되찾길 원하십니까? 아니면 두 눈이 멀쩡하기를 원하십니까?"
 그는 심사숙고한 후 대답했다.
"저는 기억을 되살리기보다는 제 시력을 그대로 유지하겠습니다. 제가 과거에 어디에 있었느냐를 보기보다는 앞으로 어디로 가게 되는지를 보는 것이 더 낫다고 생각합니다."

우리는 과거의 일을 바로잡을 수 없다. 그러나 과거의 문은 이미 닫혀 있지만 미래는 새로운 가능성으로 열려 있다. 사람은 무한한 가능성을 가지고 있고 또한 노력을 통하여 새로운 세계를 개척할 수 있는 힘을 가지고 있다. 민들레는 아스팔트조차 뚫고서 꽃을 피우고, 연꽃은 진흙탕 속에서도 아름다운 꽃을 피운다.

방법이 틀리면
얻을 것이 없다

마침 새 구두가 필요했는데 운 좋게도 구두 한 켤레를 선물로 받았다. 공짜로 얻었기 때문에 횡재한 기분이었다. 그런데 웬걸? 구두 치수가 너무 작아 신을 수가 없었다. 이 구두는 어떻게 해야 할까? 하지만 치수가 맞지 않은 구두를 놓고 그것을 어떻게 신을까 고민하는 것은 어리석은 짓이다. 아무리 머리를 굴려도 결국에는 다른 사람에게 선물로 줄 수밖에 없을 것이다. 발에 구두를 맞추어야지 발을 잘라 구두에 맞출 수는 없기 때문이다. 삶에서 공짜로 얻는 요행수도 마찬가지다. 그것들은 모호한 지식이 될 수는 있지만 삶을 지혜롭게 살아가는 방법이 되지는 못한다.

썩은 생선으로 파리를 쫓으려면 파리가 더욱 더 모여들 뿐이다. 우리말에 선무당이 사람을 잡는다는 말이 있다. 방법이 서툴다면 돌이킬 수 없는 사태를 몰고 오게 된다. 열심히 노력하는 사람이 삶에서 좋은 결과를 가져오지 못하고 있다면 한 번쯤은 삶을 살아가는 방법에 대해 진지하게 생각해볼 필요가 있다. 방법이 틀리다면 열심히 노력하는 그 자체도 낭비가 된다.

모든 위기는
내 둘레에서 일어난다

들새 사냥꾼이 새를 잡으러 나갔다. 그가 숲에 다다르자 높은 나무 위에 지빠귀 한 마리가 앉아 있었다. 그는 서둘러 그물을 매단 긴 막대기를 하늘로 향했다. 온 정신을 집중한 채 하늘만 쳐다보고 있었기에 발밑을 살필 겨를이 없었다. 그런데 갑자기 무언가가 사냥꾼의 발목을 물었다. 독사였다. 사냥꾼은 자신도 모르게 잠자고 있던 독사를 밟아버린 것이었다. 사냥꾼은 목숨이 위태로운 상황에 빠지자 한숨을 쉬었다.
"슬프도다! 나도 모르는 사이에 나 스스로 죽음의 올가미에 빠지다니…."

이 이야기처럼 너무 한 쪽만 편향되게 보면 자신의 삶에 큰 화를 당할 수 있다. 발밑을 조심하라! 이 말은 불을 만지면 화상을 입고 비가 내리면 땅이 젖는다는 말처럼 단순하지만, 그 안에 커다란 진리가 담겨 있다. 위기는 멀리서 찾아오지 않는다. 그리고 그 위기를 극복하는 방법도 멀리 있지 않다. 평소에 우리 둘레만 잘 돌아봐도 평화롭고 행복한 삶을 살아갈 수 있다.

동정심도 지나치면
남에게 해를 입힌다

어느 날, 남자는 새 한 마리가 상처를 입고 창틀에 앉아 있는 것을 보았다. 남자는 한 번도 본 적이 없는 그 새가 불쌍해 보였다.
"가엾구나. 어쩌다 이 지경이 되었니?"
남자는 그 새를 집안으로 데려와 상처를 치료해 주었다. 그것만으로는 성이 차지 않았는지 새의 발톱을 깎아주고 날카로운 부리도 둥글게 다듬고, 깃털까지 단정하게 잘라주었다. 그리고 남자는 만족스러운 듯이 말했다.
"이제 좀 나아 보이는구나."
그런데 그 남자가 보살펴준 새는 맹금류인 매였다. 발톱과 부리와 깃털을 잃어버렸으니 도움을 받기는커녕 큰 화만 당한 것이다.

동정심은 사랑하는 마음이다. 사랑하는 마음이란 그 대상에 대해 안다는 것이다. 알지 못하면 어떤 사랑도 베풀 수 없다. 사랑은 나를 위해 주는 것이 아니라 그 사랑을 받는 대상을 위해 주는 것이다. 내가 베푸는 동정심이 그에게 어떤 도움이 될 것인지 먼저 고민한 다음 사랑을 주어도 늦지 않다. 상대방의 처지와 마음을 헤아리지 않은 채 무조건 베풀게 되면 오히려 폐만 끼칠 수 있다.

당장의 위험을 피하려고
새로운 위험을 부르지 마라

사냥꾼으로부터 쫓기던 사슴이 동굴 속으로 몸을 피했다. 그런데 설상가상으로 그곳은 사자의 동굴이었다. 사자는 제 발로 굴러온 먹잇감을 놓치지 않았다. 사자의 날카로운 이빨에 목이 물린 사슴은 죽어가며 푸념을 했다.
"아, 슬프다. 고작 사자의 입에 나를 던지려고 사람에게서 도망을 쳤다니."

우리는 살아가면서 많은 위험과 맞닥뜨린다. 최악의 순간에서도 살아남는 방법은 얼마든지 있다. 그러나 그 방법을 선택하는 것은 우리 자신이다. 우리는 위험이 닥쳤을 때 최선의 방법을 선택할 준비가 되어 있는가? 준비는커녕 위험이 닥치고 있는지도 모른 채 살아가고 있는 게 바로 우리들이다. 지금부터라도 준비해야 한다. 작은 위험이 닥쳤을 때 지혜롭게 해결하지 못하고 피하고 만다면 곧 더 큰 위험이 찾아올 테니까.

자신이 마음먹기에 따라
세상은 달라진다

짚신장수와 우산장수 아들을 둔 할머니가 살았다. 할머니에게는 커다란 고민이 하나 있었다. 함께 장사를 나갔는데도 날씨에 따라 두 아들의 표정이 달랐기 때문이다. 맑은 날에는 짚신을 많이 판 짚신장수 아들이 기쁜 얼굴로 돌아왔지만, 우산을 조금밖에 팔지 못한 우산장수 아들은 슬픈 얼굴로 돌아왔다. 날씨가 궂은 날은 정반대였다. 할머니는 언제나 슬플 수밖에 없었다. 힘들어하는 아들에게 신경이 더 쓰이는 게 부모의 마음이기 때문이었다. 그런데 곁에서 그 모습을 지켜보던 손자가 할머니에게 말했다.
"에이, 할머니는 바보야. 기쁜 일만 생각해 봐요. 맑은 날에는 짚신을 많이 팔아서 좋고, 비 오는 날에는 우산을 많이 팔아서 좋잖아요. 얼마나 기뻐요!"
손자의 말에 할머니는 고개를 끄덕였다. 맑아서 좋고 비가 와서 좋다고 생각하기 시작한 할머니는 비로소 시름을 잊을 수 있었다.

세상의 일이란 자신이 어떻게 마음을 먹느냐에 따라 달라지는 것이다. 기쁘게 생각하면 기쁘고, 슬프게 생각하면 슬프게 되는 것이다. 세상을 살아가면서 당신이 슬프게 생각하면 당신은 슬프게 될 것이다. 그러나 당신이 기쁘게 생각하면 당신은 틀림없이 기쁘게 될 것이다.

친구라도 때로는
적당한 거리가 필요하다

숯 굽는 사람이 있었다. 그는 자신의 집에서 장사를 했다. 어느 날 그에게 천을 짜는 직공 친구가 찾아왔다. 반가운 마음에 숯 굽는 사람은 직공 친구에게 제안했다.
"자네, 나와 함께 이곳에서 일하지 않겠어? 서로 도움도 되고, 가게를 따로 낼 필요도 없잖아."
그러자 직공 친구가 말했다.
"그건 절대 불가능하지. 왜냐하면 내가 흰 천을 만들자마자 자네의 숯이 그것들을 검게 만들 것이 아니겠나."

아무리 친한 사이라 해도 서로 적당한 간격을 두는 것이 좋다. 간격은 이심전심의 마음이 아니라 예의를 말한다. 함께 같은 길을 가는 사람일지라도 서로 예의를 지켜야 먼 길을 같이 갈 수 있게 된다. 더구나 서로 다른 길을 가고 있다면 각자의 위치에서 분발하며 살아가는 게 낫다.

자만하는 순간
비탈길로 내려서게 된다

버마제비가 어깨를 으쓱거리며 풀밭을 걷고 있었다. 풀잎에 앉아 있던 파리가 그를 보고 기겁을 해서 날아가 버렸다. 조금 가다가 개미를 만났으나 역시 그 놈도 무서워하며 버마제비에게 길을 비켜주었다. 메뚜기도 그랬고, 쇠파리도 그를 보자 도망갔다. 버마제비는 이 모습을 보자 우쭐해졌다.
"하하하, 모두 길을 비키는군!"
그 때 저편에서 수레가 오고 있었다. 버마제비는 더욱 어깨와 날개를 펴서 수레에게 겁을 주려고 했다. 그러다 그만 수레의 바퀴에 깔려서 죽고 말았다.

공작새들은 자기 이외의 다른 공작새의 꼬리를 부러워하지 않는다. 그것은 모든 공작새가 자신의 꼬리가 세상에서 가장 훌륭하다고 믿고 있기 때문이다. 이런 이유로 공작새들은 잘 다투지 않고 평화롭다. 하지만 어디까지나 자부심이었을 때만 그렇다. 자부심이 지나치게 되면 자신을 파괴하는 자만심이 되기 십상이다. 자만은 만용을 부르고, 만용은 우리를 끝없는 나락으로 떨어뜨린다. 자부심은 잃지 말되 결코 자만에 빠지지는 말자.

친절과 방심은
구별하라

떠돌이 암캐 한 마리가 양치기에게 애원했다.
"제가 새끼를 낳아야 하니 제발 헛간 한구석만이라도 빌려 주세요."
마음씨 좋은 양치기는 헛간 귀퉁이를 암캐에게 빌려 주었다. 암캐는 그곳에서 새끼를 낳자마자 다시 양치기에게 애원했다.
"새끼를 낳기는 했지만 이 새끼들이 자랄 때까지 보살펴 줘야 해요. 새끼들이 클 때까지만 머물 수 있도록 해 주세요."
이번에도 양치기는 친절을 베풀었다. 그런데 새끼들이 다 컸는데도 암캐는 그곳에서 떠날 줄 몰랐다. 양치기가 찾아가자 암캐는 사납게 짖으며 양치기를 협박했다.
"이곳은 우리 땅이오!"
양치기는 어이가 없어 개들을 몰아내려고 했지만, 어느새 자라난 암캐의 새끼들까지 그에게 덤벼들었다.

사람이 다른 사람에게 친절을 베푸는 일은 은혜롭다. 대가를 바라지 않는 친절이라면 더욱 더 존경받을 만한 일이다. 하지만 지나친 친절은 상대방에게 배신의 빌미를 제공한다. 우리가 베푸는 친절을 받아들이는 사람들 모두가 양심이 깊다고 볼 수는 없다. 친절은 주고받을 때 더욱 가치가 높다. 일방적으로 베푸는 친절보다는 작은 책임감이라도 얹어주는 약속된 친절이 현명하고 지혜롭다.

먼저 자신의 허물을
고쳐야 한다

귀로는 남의 그릇됨을 듣지 않고, 눈으로는 남의 단점을 보지 않고, 입으로는 남의 허물을 말하지 않아야 한다고 했다. 사람에게는 누구에게나 단점은 있기 마련이다. 그러므로 다른 사람의 단점을 감싸줄 수 있는 아량이 필요하다. 자신에게 더 큰 허물이 있는데도 남의 조그만 허물을 비난하고, 또 자신은 애써 숨기려 하는 비밀이 있음에도 다른 사람의 사소한 비밀까지도 들추어내기 좋아하는 사람은 남에게 존경과 신뢰를 받을 수 없다. 눈을 경계하여 다른 사람의 그릇됨을 보지 말고, 입을 경계하여 다른 사람의 결점을 말하지 말라.

자기 혼자 잘나기를 원하는 사람은 다른 사람의 결점을 꼬집고 싶어 한다. 남의 인격을 존중할 줄 모르면서 덮어놓고 남의 결점만을 들추고자 하는 사람은 좋은 점을 발견할 수 없다. 사람은 때때로 남의 결점을 파헤침으로써 자신의 존재를 돋보이려고 한다. 그러나 그렇게 함으로써 오히려 자신의 결점을 드러내는 것이다. 사람은 총명하고 선량할수록 남의 좋은 점을 발견한다. 그러나 어리석고 짓궂으면 그럴수록 남의 결점을 찾는다.

냉정하고 냉철하게
문제를 풀어가라

황소들은 자기네 종족을 죽이고 거래해 온 푸줏간 사람들을 없애려고 작당을 했다. 황소들은 뿔을 더 날카롭게 새우며 콧김을 내뿜었다. 그런데 그들 가운데 가장 늙은 황소 한 마리가 말했다.
"푸줏간 사람들이 우리를 도살하는 것은 사실이야. 하지만 그들은 아주 능란한 기술로 우리가 불필요한 고통을 느낄 수 없게 하지. 만약 우리가 그들을 없애버리면, 솜씨 없는 자들의 손에 맡겨져 두 번 죽는 듯한 고통을 겪게 될 거야. 왜냐하면 푸줏간 사람들이 모두 죽는다 하더라도, 인간은 계속 고기를 원할 것이기 때문이야."

때때로 사람들은 어떤 문제가 생겼을 때, 자신의 잘못된 처방으로 인하여 더욱 상황을 악화시키는 경우가 있다. 세상을 살아가면서 자신의 문제를 정확하게 아는 것도 중요하지만 우리에게 더욱 중요한 것은 그 문제에 대해서 정확하고 올바른 처방을 해야 한다. 문제가 일어났을 때 감정적으로 해결하려 하면 긁어 부스럼을 만드는 결과를 낳기 쉽다. 화가 날수록 침착하고 냉정하게 대처해야 한다.

다른 사람을 배려할 줄 아는
미덕을 갖춰라

어린 돼지가 양과 함께 우리에 갇혀 있었다. 주인이 자신을 잡으려 하자 그는 꽥꽥거리며 격렬히 저항했다. 양은 돼지가 울부짖는 소리에 짜증을 내며 불평했다.
"주인이 종종 나에게 손을 대지만, 나는 울부짖지는 않는데…."
이에 돼지가 대답했다.
"너에게 손을 대는 것과 나에게 손을 대는 것은 아주 다르단다. 주인은 네 털을 깎기 위해 너를 붙잡지만, 그는 내 목숨을 빼앗으려고 나를 붙잡거든."

사람들은 자기 자신을 기준으로 삼아 다른 사람들을 판단한다. 다른 사람의 입장을 전혀 헤아리지 않으면서 자신의 입장만을 내세운다면 다른 사람에게 치명적인 상처가 될 수도 있다. 자기중심적인 사람은 절대로 행복하지 않다. 만족스러운 인생을 보내는 비결은 다른 사람에게 보다 많은 사랑과 기쁨과 행복을 나누어 주는 데에 있다.

자기만의 줏대로
살아가라

나귀가 갑자기 집 지붕 위로 올라가 펄쩍펄쩍 뛰었다. 나귀가 뛸 때마다 기와가 깨지며 마당으로 떨어져 내렸다. 화가 난 주인이 지붕으로 쫓아올라갔다.
"이 나귀가 미쳤나? 왜 안 하던 짓을 하는 거야!"
주인은 나귀에게 몽둥이질을 해댔다. 마당으로 쫓겨 내려온 나귀가 훌쩍거리며 말했다.
"주인님, 왜 그러세요? 어제 원숭이가 이럴 때는 좋아하셨잖아요? 원숭이가 무슨 큰 즐거움이라도 주는 듯이 크게 웃으시는 걸 제가 봤는데……."

사람은 자기 자신을 의탁할 자기의 세계를 가지고 있어야 한다. 자기의 마음속에 그리고 있는 자기의 세계에 충실하였는가, 충실치 못하였는가가 항상 문제다. 사람에게 가장 슬픈 일은 자기가 마음속에 의지하고 있는 세계를 잃어버렸을 때다. 나비에게는 나비의 세계가 있고, 까마귀에게는 까마귀의 세계가 있듯이, 삶도 각자 믿는 일에서 정신의 기둥이 될 세계를 가지고 있지 않으면 안 된다. 만일 당신이 당신의 마음과 상관없는 곳에서 헤매고 있다면 지금 당장 자기의 세계로 돌아가야 한다.

자신을 함부로
자랑하지 마라

어느 날 북이 향기로운 꽃을 꽂아 둔 꽃병을 보고 이렇게 자랑했다.
"내 말 좀 들어보게! 내 목소리는 커서 먼 곳까지 들리지. 나는 사람들의 마음을 감동시키기 때문에 그들이 나의 우렁찬 북소리를 들으면 용감하게 전쟁터로 나간다네."
꽃병은 아무 말 없이 상쾌하고 달콤한 향기를 내뿜을 뿐이었다. 하지만 은은한 향기는 마치 북을 달래는 것 같았다.
"나는 말할 줄을 모르네. 자랑하는 것은 좋지 않은 일이라네. 나에게는 내 몸 속에 숨어 있다가 사람들을 즐겁게 하고 위로하려고 기뻐서 뛰어 나오는 좋은 것들로 가득 차 있다네. 그러나 자네는 그 북소리밖에 무엇이 있나? 그리고 소리를 내려면 두드려야만 되지 않나. 내가 자네였더라면 나는 자랑할 것이 하나도 없겠네."

자화자찬하는 사람은 자신 외에는 아무도 보지 못하는 법이다. 사람은 저마다 장점과 단점을 가지고 있다. 자신의 단점은 숨기고 장점만을 드러낸 채 남의 단점을 조롱하는 사람처럼 속 좁은 위인이 있을까? 진실로 자랑거리가 많은 사람은 스스로 나서서 자신을 과시하지 않는다. 가만히 있어도 사람들이 알아주는 법이다.

비판 없는 관계에서
배신이 일어난다

배가 고픈 고양이가 친하게 지내던 수탉을 잡아먹기 위해 그럴듯한 구실을 댔다.
"너는 한밤중에 울어대서 사람들을 잠 못 이루게 하는 폐를 끼쳤어!" 수탉은 어이가 없어 대꾸했다.
"나는 인간들에게 아침을 알리기 위해 울었을 뿐이야."
고양이는 못들은 척 말했다.
"네가 무슨 변명을 해도 소용없어. 나는 저녁을 굶을 수 없다고."
고양이는 잽싸게 수탉을 잡아먹어버렸다.

비판 없는 관계에서 배반이 일어난다. 아무리 친한 사이라도 어느 정도의 거리두기가 필요한 이유다. 친한 사람에게 배반당할수록 상처가 큰 법이다. 만약 당신이 누군가로부터 배신을 당했다면 당신에게도 문제가 있는 것이다. 사람을 구별하지 않고 어울리는 일은 무척 위험하다. 낯선 사람이라도 따뜻하고 친근하게 대해주는 것도 좋지만, 어느 정도 가까워지면 경계해야 할 부분을 설정하는 것이 현명하다.

질투를 자기 발전의
계기로 삼아라

한 사람이 나귀와 염소를 기르고 있었다. 나귀는 열심히 일한 덕에 언제나 많은 먹이를 먹을 수 있었다. 염소는 주인의 사랑을 받는 나귀를 질투했다. 염소는 나귀를 쫓아 보내고 싶었다.
"나귀야, 너는 참 힘들겠구나. 방앗간에서 곡식을 가는 일도 힘든데, 무거운 짐을 지고 다녀야 하니까 말야."
"하긴 좀 힘들긴 하지."
나귀가 대답해 주자 염소는 잘 됐다 싶어 말을 이었다.
"그렇게 일만 하지 말고, 구덩이에서 넘어지라고. 네가 아프면 쉴 수 있잖아."
나귀는 염소의 말대로 스스로 구덩이에 빠져 다리에 상처를 냈다. 주인이 의사를 불렀다. 나귀의 상태를 살펴보던 의사가 말했다.
"나귀의 상처에는 염소의 허파가 필요합니다. 그것을 달여서 상처에 발라 주세요."

마음에 질투를 품지 않도록 조심하라. 왜냐하면 그것은 어떤 것보다 더 빨리 당신을 죽이는 일이기 때문이다. 질투는 당신이 아름다운 생활을 하지 못하게 막는다. 질투 때문에 다른 사람에게 음모를 꾸미는 일은 자신을 파멸의 덫에 가두는 것과 다름없다. 어쩔 수 없이 질투가 생긴다면 자기 자신을 발전시켜 그것을 극복하라.

2

꿈을 여는
보석상자

아부와 친절을
구별할 줄 알아야 한다

도둑이 어떤 집을 털기로 했다. 그런데 사나운 개 한 마리가 그 집을 지키고 있었다. 도둑은 개가 짖지 않도록 먹을 것을 던져 주기로 했다. 살금살금 개에게 다가간 도둑은 먹을 것을 한 점 던져 주었다. 그러자 개는 먹을 것을 냉큼 받아먹고는 입맛을 다시며 도둑을 바라보았다. 마치 더 달라는 것처럼. 도둑은 한 점 더 던져 주었고, 개는 다시 받아먹었다. 하지만 개는 또 먹을 것을 달라고 했고 도둑은 가지고 있는 음식을 다 내놓아야 했다. 도둑이 마지막으로 남은 먹을 것을 내놓았을 때 개는 큰 소리로 짖었다.
"어서 꺼져버려! 너는 너무 상냥하고 친절해서 나쁜 사람인 게 분명해! 멍멍!"

아부와 친절을 구별할 줄 알아야 한다. 뭔가를 원하는 것이 있다면 허리를 숙이는 법이다. 친절하게 행동한다고 해서 완전히 믿어서는 안 된다. 그것은 당신을 좋아해서 하는 행동이 아니라 이용하려는 계책의 하나일 수도 있다. 일시적으로 달콤함을 맛보기 위하여 아첨과 아부에 넘어가는 어리석음을 범하면 안 된다.

기적은 당신 스스로
만드는 것이다

미국의 유명한 인권지도자인 킹 목사가 젊었을 때였다. 짐을 가득 실은 수레를 끌고 가다 비탈길에 들어섰다. 그는 비탈을 한 번 쳐다 본 후 발걸음을 멈췄다.
"나 혼자서는 힘들겠어."
그는 수레를 세우고 수레를 뒤에서 밀어줄 사람을 기다렸다. 지나가는 사람은 많았지만 선뜻 도움을 주는 사람은 없었다. 한참을 기다리던 그는 어쩔 수 없이 혼자서 수레를 끌어야 했다. 온몸이 땀에 젖고 숨이 막힐 지경이었다. 그런데 어느 순간부터 수레가 가벼워지기 시작했다. 그가 힘들어하는 모습을 보고 지나가던 사람들이 하나 둘 다가와 수레를 밀어주기 시작한 것이다.

기적은 가끔 일어난다. 그러나 기적이 일어나게 하려면, 피눈물 나는 노력이 있어야 한다. 자신이 노력하고 최선을 다하면서 삶의 기적을 바랄 때야만 기적이 이루어질 수 있다. 어떠한 상황에 처하든 자신이 땀 흘려 노력하다보면 기적은 이루어질 수 있다. 그러나 자신이 땀 흘려 노력하지 않으면 어떤 기적도 절대 이루어질 수 없다.

소유의 노예가 되어
살아가지 말아라

미국 캘리포니아 선적의 한 배가 난파당한 일이 있었다. 수십 명의 승객들이 구조되었지만, 오직 한 사람은 익사한 채 바다 속에서 발견되었다. 그는 다른 승객들과는 달리 배가 난파되자마자 바다 속으로 가라앉아버렸다. 아무리 발버둥을 쳐도 소용이 없었다. 그는 광부였고, 수백 파운드의 금괴를 몸 속에 숨기고 있었다. 그의 사체를 인양한 어떤 구조대원이 동료에게 말했다.

"정말 안 됐군. 이 사람은 가라앉을 때 금을 지니고 있었다고 말해야 하나, 금이 이 사람을 가지고 있었다고 말해야 하나?"

알맞은 정도라면 소유는 인간을 자유롭게 한다. 도를 넘어서면 소유가 주인이 되고 소유하는 자가 노예가 된다. 아무리 소중한 것이라도 버릴 때가 되었다면 버려야 한다. 그 소유가 당신의 삶에 해가 되고, 당신을 위태롭게 하기 전에. 소중한 것이라도 위험에 빠지게 하는 것이라면 버릴 줄도 알아야 한다. 때로는 자신에게 없는 것이 더 좋을 때도 있다.

욕심은 고통을 부르는
나팔이다

낙타는 뿔로 장식한 황소를 보고 부러워했다. 그는 신에게 가서 간청했다.
"저에게도 뿔을 주세요."
"너도 거대한 자연에서 보면 완벽한 존재란다."
"싫습니다. 저도 황소의 뿔을 갖고 싶어요."
이에 화가 난 신은 낙타에게 벌을 내렸다. 뿔은커녕 낙타의 귀를 잘라버린 것이다.

현재 자신이 가지고 있는 것에 대하여 만족하지 못하고 지나친 욕심을 부리게 되면 자신의 처지를 더욱 어렵게 할 뿐이다. 너무 큰 욕심을 부리기보다는 자신을 둘러싸고 있는 삶의 축복 속에서 기쁨을 찾아내는 것이 삶을 행복하게 만든다. 사람의 괴로움은 끝없는 욕심에 있다. 자기 분수에 맞게 만족할 줄 안다면 마음은 항상 즐겁다.

문제가 가리키는
달을 보라

쥐들은 족제비와 자주 전쟁을 했다. 그때마다 쥐들이 패했다. 어느 날 쥐들은 싸움에 패하는 이유가 대장이 없기 때문이라는 결론을 내렸다. 쥐들은 대장을 뽑았다. 대장 쥐는 머리에 뿔을 달아 위용을 뽐냈다.
"족제비들아, 너희들을 모조리 없애버리겠다!"
쥐들은 족제비들에게 전쟁을 선포했다. 하지만 이번에도 족제비의 사나운 기세에 눌려 쥐들은 모두 구멍으로 달아나 버렸다. 하지만 대장 쥐는 몸을 피하지 못하고 족제비에게 죽임을 당했다. 머리에 달아놓은 뿔 때문에 쥐구멍에 몸이 걸려버린 탓이었다.

문제의 요점이 무엇인지 바르게 파악하면, 절반은 해결한 것이나 마찬가지다. 자신의 삶에서 무슨 일이 닥치느냐 하는 것은 중요하지 않다. 자신이 그 문제에 어떻게 대응을 하느냐에 삶의 성패가 달려 있다. 우리가 어떠한 태도를 취하느냐 하는 것은 전적으로 우리 자신의 책임이다. 손가락만 보지 말고 손가락이 가리키는 달을 보라.

죽 쒀서
개 주지 말자!

도요새가 조개의 살을 쪼았다. 그러자 조개는 화가 나서 입을 꽉 다물었다. 조개에 부리가 물려버린 도요새가 웅얼거리듯 말했다.
"만약 오늘도 비가 오지 않고 내일도 비가 오지 않는다면 너는 말라 죽을 거다."
그러자 조개도 지지 않고 대꾸했다.
"흥! 내가 오늘도 네 부리를 놓아 주지 않고 내일도 놓아 주지 않는다면, 너는 굶어 죽을 거다."
도요새와 조개는 양보하지 않고 입씨름을 계속했다. 그 때 마침 그곳을 지나가던 어부가 그들을 발견했다.
"얼씨구, 횡재다! 두 녀석이 싸우느라고 정신이 없구나. 이럴 때 두 놈을 다 잡아야지."

다른 사람과 경쟁할 때 앞뒤 가리지 않고 싸우게 되면, 그 싸움을 지켜보던 사람만 이익을 얻게 된다. 처음부터 헛된 싸움은 할 필요가 없다. 그런 일은 보통 양보하는 것만으로도 이길 수 있다.

오늘의 실패는
성공을 위한 재산이다

베이비 루스는 어린시절 어머니를 여의고, 술주정뱅이 아버지에 의해서 보육원으로 보내졌다. 그는 그곳에서 야구를 배웠다. 프로에 진출했을 때는 투수였으나 타자로서 가능성을 보여 타자로 전환했다. 그는 생애 통산 714개의 홈런을 날렸다. 그는 1330번 스트라이크 아웃 되었다. 그러나 우리는 실패한 그를 기억하는 것이 아니라 성공한 그를 기억한다. 수년 동안 베이브 루스는 홈런왕으로 불렸다. 베이브 루스는 홈런의 두 배 가까이나 스트라이크 아웃을 당했다.

세상에서 가장 훌륭한 사람은 무엇인가를 실행해서 성공한 사람이고, 두 번째로 훌륭한 사람은 무엇인가 실행하다가 실패한 사람이다. 세 번째는 아무것도 안하고 성공한 사람이고, 네 번째는 아무것도 안하고 실패한 사람이다. 어리석은 사람은 해 보지도 않고 먼저 포기해 버린다. 오늘의 실패는 내일의 성공을 위한 좋은 재산이 되는 것이다.

욕심을 버리고
하나에 집중하라

배가 고팠던 사자가 사냥을 나섰다. 한참 헤매던 끝에 숲 속에서 깊은 잠에 빠져 있는 토끼를 발견했다. 사자는 침을 꿀꺽 삼켰다.
"잘 됐네."
그런데 마침 근처에서 살 오른 사슴이 지나가고 있었다. 사자는 사슴을 먼저 잡아먹고 싶었다. 토끼는 자고 있으니 사슴을 잡고 난 다음에 다시 와도 좋을 것 같았다. 사자는 전력을 다해 달아나는 사슴을 쫓았다. 하지만 사슴은 엄청난 속도로 달아나버렸다.
"운 좋은 녀석이군. 뭐 토끼라도 잡아먹으면 되니까."
사자는 잠들어 있던 토끼를 생각하며 다시 숲 속으로 돌아왔다. 그러나 토끼는 온데간데없이 사라지고 없었다. 사자가 사슴을 쫓아갈 때 토끼도 잠이 깨어 달아나 버린 것이었다.

사람도 너무 지나친 욕심을 부리다보면 자신의 손에 있던 이익조차 잃어버릴 수 있다. 사람의 탐욕은 끝이 없다. 욕심이 많은 자는 금을 나누어 줘도 옥을 얻지 못함을 한탄한다. 욕심이 크면 그 욕심을 채우기 위한 걱정이 생긴다. 걱정이 심하면 병이 되며 병이 나면 정신이 흐려진다. 결국 욕심 때문에 육체도 정신도 성하지 못하게 되는 것이다. 반면에 욕심을 버리고 하나에 집중하면 그것을 얻을 가능성은 높다. 이것이 성공의 비결이기도 하다.

자신의 현실을
똑바로 바라보라

한 젊은이는 도인이 되어 하늘을 날아보고 싶었다. 그는 도인들이 어디에서 어떤 수행을 하는지 알아보고 그곳으로 찾아갔다. 그리고 끼니도 굶어가며 나름대로 도를 닦았다. 열심히 수련했지만 그의 몸은 몹시 지쳐 있었다. 그는 참선이 잘 된다는 바위 위에서 명상을 하다 그만 의식을 잃고 말았다. 며칠이 지났을까? 문득 눈을 뜬 젊은이는 이상한 기분이 들어 정신을 집중하고 소리를 질렀다. 그런데 이게 웬일인가? 그의 몸이 부양되었고, 그는 하늘을 나는 것 같았다.

"드디어 내가 날아올랐구나!"

하지만 젊은이는 날아오른 게 아니라 절벽으로 몸을 던진 것이었다.

만약 자신의 한계와 능력을 제대로 알지 못하고 높이만 쳐다보고 실행한다면 그 결과는 참혹한 모습으로 끝난다. 자신의 한계를 벗어나는 일을 하려고 시도해 보았자 헛수고다. 삶을 살아가면서 자신의 한계와 능력을 벗어난 부풀리기를 하지 말아야 한다.

친절과 배려는
미래를 위한 투자다

어느 날 왕은 신하들을 거느리고 보석상을 찾아갔다. 그가 주인과 값을 흥정하고 있는 동안, 신하들은 보석들을 구경하고 있었다. 그들이 가게를 나섰을 때, 보석상이 당황한 얼굴로 뒤쫓아 나왔다. 아주 비싼 다이아몬드 하나가 없어졌다는 것이었다. 왕은 신하들 모두에게 보석가게로 돌아갈 것을 명령했다. 왕은 보석상에게 소금을 가득 채운 항아리를 가져오도록 했다. 그리고 신하들에게 각자 소금 항아리에 주먹을 넣었다가 꺼내도록 했다. 그렇게 한 후에 항아리의 소금을 탁자 위에 쏟아냈더니 과연 소금 속에서 다이아몬드가 나왔다.

지금 당장에는 남을 배려하여 자신의 이익을 조금 줄이는 것이 손해인 것 같지만 당신이 조금만 앞을 내다보고 생각한다면 당신이 남을 배려하는 것은 결국 당신의 미래를 위한 배려인 것이다. 당신이 베푼 배려는 언젠가는 다시 당신에게 되돌아온다. 결국 남을 배려할 수 있는 사람이 자신을 그만큼 아끼고 자신을 그만큼 배려하는 사람이다.

고집으로는
아무도 이길 수 없다

1942년 세계 제2차 대전 중 독일의 히틀러는 그 추운 겨울날 30만 명의 독일군에게 모스크바를 점령하라는 명령을 내렸다. 불가능하다는 참모진들의 말에도 아랑곳하지 않은 히틀러는 자신의 명령이 취소될 수 없음을 주장했다. 독일군은 넉넉하지 못한 식량과 매서운 추위에는 제대로 견디지도 못하는 무기를 가지고 진격을 감행했다. 그 결과 독일군은 20만 명이 전사하고 9만 명은 포로가 된 치명적 패배를 당했다. 살아 돌아온 병사는 겨우 6천 명 가량이었다. 히틀러 한 사람의 욕망과 고집으로 말미암아 수많은 인명이 희생된 것이다.

때때로 사람들은 자신이 세운 처음의 목적은 잊은 채, 그저 욕심에 따라 고집만 부리며 세상을 살아가곤 한다. 당신이 지나치게 자신의 고집대로만 사는 것은 자신의 삶을 망칠 수 있다. 자기 생각만 옳다고 고집하는 사람은 다른 사람의 의견을 제대로 받아들일 수 없다. 어떤 일에 대하여 자기 생각을 주장하기 전에 다른 사람의 말을 들어보라.

지금보다 신중하면
위험은 반으로 줄어든다

제2차 세계대전 중 지휘관 한 명이 막대한 위험이 도사리고 있는 전방에 나갈 지원자를 뽑고 있었다.

"지원자는 두 걸음 앞으로 나와 서라."

그 순간 부하 한 명이 전갈을 들고 오는 바람에 그는 잠시 시선을 그쪽으로 돌렸다. 지휘관이 전갈을 보고 나서 다시 장병들을 쳐다보니 일렬로 늘어선 장병들의 행렬은 조금도 흐트러지지 않은 채 그대로였다. 그는 실망해서 소리를 버럭 지르며 장병들을 나무랐다.

그러나 사실은 모든 장병이 두 걸음 앞으로 나와 서 있었기에 지휘관이 착각한 것이었다.

우리 모두는 다른 사람이나 어떤 상황을 섣불리 판단하는 경향이 있다. 사물의 겉모습만을 보고 나서 자신의 마음대로 함부로 판단을 내리는 행동은, 세상을 살아가는 평범한 사람들이 범하기 가장 쉬운 나쁜 습관 중의 하나이다. 단지 보여주는 피상적인 것만이 진실은 아니다.

적어도 빈손은
소유하고 있지 않은가

어떤 사람이 사업을 하다가 그만 파산을 했다. 사업에 실패한 그 사람은 이제 자신의 인생은 끝났다고 생각하여 목숨을 끊기로 결심하고 마지막으로 친구에게 고백했다.
"죽고 싶네."
"왜 죽으려 하는가?"
"내게는 아무 것도 남은 것이 없잖아. 난 더 이상 희망이 없네."
그때 친구가 백지 한 장을 내놓으면서 말했다.
"좋아. 그럼 유언장이라고 생각하고 여기에 지금 자네 곁에 남아 있는 것을 써 보게."
파산한 사람은 곰곰이 생각해보더니 종이에 열 가지 이상을 적어 넣었다. 친구가 말했다.
"여보게, 자네에겐 아직도 이렇게 많은 것이 있지 않은가. 친구인 나도 자네 곁에 있지 않은가. 그러니 인생을 새롭게 시작해보게."

이 세상에서 자신이 엑스트라 같은 존재일지라도 자신의 삶에 있어서는 그 엑스트라 같은 자신의 존재가 주인공이다. 자신이 가난하다고 좌절하지 말라. 빈손마저도 당신의 소유 목록이니까.

자부심이
소인을 거인으로 만든다

어떤 우주 항공사에서 업무 능률이 가장 높은 한 부서가 있었다. 그 부서에서 담당하는 일이란 고작 공장 내의 여러 가지 파이프만을 책임지는 단조롭고 별로 알아주지도 않는 일인데도, 그 부서의 직원들은 대단한 자부심을 갖고 있었다. 그들은 일을 할 때 의사가 외과 수술을 할 때 입는 녹색 가운을 입고 일을 했다. 사람들이 그 이유에 대해 묻자 책임자는 이렇게 대답했다.
"우리가 이 가운을 입는 것은 우리가 이 회사의 심장과 혈관을 책임진 전문 의사이기 때문입니다. 의사가 사람 몸의 파이프(혈관)를 돌보는 것처럼, 우리는 이 거대한 공장의 모든 파이프를 책임지고 돌보지요. 우리가 이 공장의 모든 혈관을 잘 돌보고 간수하는 한 공장은 문제없이 제대로 가동이 됩니다."

지나친 자부심은 경계해야 하지만, 합당한 자기 신뢰는 자아 발전에 없어서는 안 되는 원동력이다. 자유스런 기분으로 자신의 능력과 재능을 펼치면 얼마든지 뻗어나갈 수 있다는 믿음을 가지고 있어야 한다. 그 길을 막는 사람은 아무도 없다. 단지 자신만이 자신의 발전을 막을 뿐이다. 자부심을 갖자. 자기 자신에 대해 열렬한 지지와 신뢰를 보내자.

게으름은 살아있는
사람의 무덤이다

송아지 한 마리가 있었다. 농부가 코뚜레를 하려고 하자 한 송아지가 사정했다.
"저한테는 코뚜레를 하지 말아주십시오."
농부가 말했다.
"코뚜레를 하지 않으면 망아지가 되고 말 텐데."
"아닙니다. 주인님. 두고 보십시오. 코뚜레를 하지 않아도 일을 곱절로 잘한다는 말을 제가 듣고 말 테니까요."
농부는 송아지의 말을 믿어보기로 했다. 송아지는 코뚜레 없이도 스스로 멍에를 지고 쟁기를 끌었다. 어느덧 송아지는 어미 소가 되었다. 소는 차츰 꾀가 늘었다. 일을 하기 싫어 달아나기도 했고, 잡으러 오는 농부를 뒷발로 차기도 했다.
그러던 어느 날 농부가 송아지 한 마리를 데리고 왔다. 어미 소가 송아지에게 물었다.
"넌 어떻게 여길 오게 되었니?"
"도살장에 당신을 판 돈으로 여기 오게 되었죠."

게으름은 자신을 파멸시키는 요인 중에 가장 큰 요인이다. 날마다 자신의 일을 미루고 게으름을 피우게 된다면, 결국에는 나날이 늘어나는 짐을 지면서 삶의 언덕에서 허덕거리고 말 것이다.

스스로 위대한
인생을 창조하라

아인슈타인은 그의 조국 이스라엘로부터 대통령직을 제의받았다.
"국회는 만장일치로 당신을 이스라엘 초대 대통령으로 추대했습니다. 조국을 위해 봉사해 주십시오."
아인슈타인은 이 제안을 정중하게 거절했다.
"대통령을 하겠다는 사람은 많습니다. 그러나 물리학을 가르칠 사람은 그리 많지 않아요."

남의 말을 무조건 수용하기 보다는 자신의 상황에 맞추어 올바른 판단을 내려야 한다. 남의 말을 전혀 듣지 않는 태도도 문제이지만 남의 말을 아무런 소신 없이 무조건 수용하는 태도도 큰 문제다. 소신이 없는 삶은 들러리에 불과하기 때문이다.

따스한 말 한 마디에
마음이 열린다

바람과 해가 누가 더 강한지 싸우고 있었다. 그때 그들은 길에서 내려오는 나그네를 보았다. 해가 말했다.
"나는 우리의 논쟁을 결론 맺을 방법을 알고 있다. 우리들 중 저 나그네가 그의 망토를 벗어 경의를 표하는 쪽이 더 강한 자다. 네가 먼저 시작해라."
그래서 해는 구름 뒤에 숨고, 바람이 있는 힘껏 나그네에게 강한 바람을 불어댔다. 그러나 강한 바람을 불수록 나그네는 그의 망토를 더 꼭 껴입었다. 마침내 바람은 자포자기하고 말았다.
다음에 해가 나와서 나그네에게 그의 모든 빛을 쐬기 시작했다. 그러자 그는 더운 나머지 망토를 벗었다.

따뜻한 빛이 사나운 바람보다 더 쉽게 사람의 옷을 벗게 하는 것처럼 인간관계에서 사람의 마음을 열게 해 주는 것은 따스한 마음이 배인 친절이다.

목청을 자랑하는 닭이
가장 먼저 목이 비틀린다

명예욕에 사로잡힌 한 남자가 스승에게 찾아와 말했다.
"돌아가신 아버지가 꿈에 나타나 저에게 '너는 지도자가 될 것이다.'라고 말씀하셨습니다."
스승은 아무 말도 하지 않고 조용히 듣기만 한 후 그를 돌려보냈다. 얼마 후에 그 사람은 다시 찾아왔다.
"매일 밤 같은 꿈을 꿉니다. 아버지가 꿈에 나타나 제가 큰 지도자가 될 운명이라고 하셨어요."
스승이 드디어 입을 열었다.
"자네가 리더가 될 준비가 되어 있다는 것을 알겠네. 혹시 자네 부친이 꿈에 한 번 더 나타나시면, 자네가 지도자가 될 준비가 되었다고 말씀드리게. 그리고 이제부터는 자네가 아니라 자네가 지도할 사람들의 꿈에 나타나서 그렇게 말씀해 달라고 부탁하게."

종종 한때의 허상을 보고 그것을 자신의 참모습으로 여길 때가 있다. 자신의 능력을 비하하는 것은 어리석은 일이지만 또한 함부로 과대평가하는 것도 어리석은 일이다. 목청을 자랑하기 위해 시끄럽게 울어대는 수탉이 다른 닭에 앞서서 목이 비틀리는 상황에 직면하게 된다.

말하고자 하는 바를
먼저 실천하라

호수에서 작은 배로 승객을 실어 나르는 한 늙은 선원이 있었다. 그 노인의 한쪽 노에는 '믿음', 다른 쪽 노에는 '실천'이라는 글자가 새겨져 있었다. 한 승객이 호기심이 일어 노인에게 물었다.
"왜 노에 두 가지 글자를 쓴 거예요?"
그러자 노인이 대답과 동시에 노를 젓기 시작했다.
"자 한번 보십시오."
노인은 '믿음'이라는 노를 힘차게 저었다. 배는 원을 그리며 제 자리에서 맴돌았다. 이번에는 '실천'이라는 노를 저었다. 역시 배는 반대 방향으로 원을 그리며 맴돌 뿐이었다. 이번에는 두 개의 노를 함께 저었다. 배는 물살을 가르며 쏜살같이 앞으로 나아갔다. 노인은 승객을 향해 잔잔한 미소를 보냈다.

믿음과 실천은 다른 얘기이다. 많은 사람들은 바다처럼 얘기를 하지만 그들의 삶은 늪처럼 정체되어 있다. 또 어떤 사람들은 산꼭대기 위로 머리를 치켜들면서도 그들의 영혼은 캄캄한 동굴의 벽에 달라붙어 있다. 믿음과 실천이 함께 움직여야 하는 이유다.

양심을 배신하는 일만큼
처참한 자기학대는 없다

어느 빵장수 이야기다. 그는 빵을 만들어 마을 사람들에게 공급하는 일을 했다. 그는 가난한 농부로부터 매일 아침 버터를 공급받고 있었다. 그런데 하루는 납품되는 버터를 보니 정량보다 조금 모자라 보였다. 그래서 며칠을 두고 납품된 버터를 저울로 일일이 달아봤는데 예측한 대로 정량에 미달되었다. 화가 난 이 빵장수는 버터를 납품하는 농부에게 변상할 것을 요구하며 법정에 고발했다.

이 재판을 맡은 재판관은 체포된 농부의 진술을 듣고 놀랐다.

버터를 공급했던 가난한 농부의 집에는 저울이 없었다. 그래서 버터를 만들어 자기의 물건을 공급받는 빵장수가 만들어 놓은 1파운드짜리 빵의 무게에 맞추어서 버터를 잘라서 납품했다는 것이다.

버터의 양이 부족했던 원인은 그 빵장수가 이익을 더 남기기 위해서 자신의 1파운드짜리 빵의 규격을 조금 줄이고 양을 속였던 것에 있었다.

배반당하는 자는 배반으로 인해서 상처를 입게 되지만, 배반하는 자는 한층 더 비참한 상태에 놓여지게 마련이다.

창조적 모방과
흉내는 다르다

대장장이의 아들이 갑옷을 만들자, 활을 만드는 아버지의 아들이 화살을 만들어 냈다. 이를 지켜보던 목수의 아들이 말했다.
"그 정도야 나도 만들 수 있지."
아이들이 말렸다.
"넌 아버지 일도 잘 돕지 않았잖아?"
"흥, 집 짓는 거하고 무슨 상관이야?"
목수의 아들은 갑옷과 화살을 만들기 시작했다. 하지만 흉내만 낼 뿐, 볼품없는 물건만 만들 수밖에 없었다.

창조적 모방과 흉내는 다르다. 한 가지 기술에 익숙하면 그 기술을 응용해 다른 기술도 어렵지 않게 얻을 수 있다. 하지만 한 가지 기술에도 익숙하지 않으면서 다른 기술까지 흉내 내서는 아무것도 얻을 수 없다.

이기심은 사람의
눈 속에 있는 티끌이다

자기밖에 모르던 인색한 부자가 지혜로운 스승을 만났다. 부자는 스승에게 인생에 교훈이 될만한 가르침을 부탁했다. 그러자 스승은 그를 창가로 데리고 가서 다음과 같이 물었다.
"무엇이 보입니까?"
부자가 대답했다.
"지나가는 사람들이 보입니다."
이번에는 그 부자를 커다란 거울 앞으로 데리고 갔다.
"무엇이 보입니까?"
"제 얼굴이 보입니다."
스승이 말했다.
"창문과 거울은 모두 유리로 만들었지요. 그런데 거울은 뒷면에 수은이 칠해져 있어 밖이 안 보이고 자신만 보게 되는 거지요. 마찬가지로 내면이 탐욕으로 칠해진 사람은 자기 밖에 모르는 불행한 존재지요."

사람들은 때때로 자신의 이익을 위하여 교묘한 논리로 다른 사람을 속이려고 한다. 그러나 그것은 다른 사람들로부터 또 다른 불신을 가져와 당신이 따돌림 당하는 원인이 된다. 다른 사람들을 먼저 배려했을 때 당신도 같은 대접을 받을 수 있다.

물 한 방울이
바위를 뚫는다

세상은 약하지만 강한 것을 두렵게 하는 것이 있다. 첫째, 모기는 사자에게 두려움을 준다. 둘째, 거머리는 물소에게 두려움을 준다. 셋째, 파리는 전갈에게 두려움을 준다. 넷째, 거미는 매에게 두려움을 준다. 아무리 크고 힘이 강하더라도 반드시 무서운 존재라고는 할 수 없다. 힘이 약하더라도 어떤 조건만 갖추어져 있다면 강한 자를 이길 수가 있는 것이다.

아주 약한 것이라도 어떤 조건이 맞으면 강자에게 이길 수가 있다. 아무리 힘이 센 자라고 하여 반드시 절대적인 힘이라고는 할 수 없다. 자신이 상대보다 상대적으로 강하다고 하여 우쭐할 필요도 없고, 또한 자신이 상대방보다 약하다고 하여 주눅 들 필요도 없는 것이다.

신중한 사람이
결국 승리한다

어느 날 히틀러, 무솔리니, 처칠이 만났다. 이들은 잘 가꾸어진 정원의 연못에 있는 물고기 잡이에 내기를 걸었다. 가장 먼저 히틀러는 권총을 뽑아 발사했다. 그러나 탄환은 물고기를 맞추지 못했다. 히틀러의 실수를 본 무솔리니는 연못에 직접 들어가 고기를 잡으려 했지만, 물 속에서는 물고기의 동작이 사람보다 민첩하기 때문에 실패할 수밖에 없었다. 마지막으로 처칠의 차례가 왔다. 처칠은 연못의 물을 퍼냈다. 물고기는 당연히 가장 합리적인 방법을 사용한 처칠에게 잡혔다. 제2차 세계대전에서는 누가 승리했는가?

자신의 능력을 제대로 파악하지 못하고 우쭐거리다가는 자신의 삶을 망칠 우려가 있다. 또한 어떤 일을 할 때는 신중한 판단을 내릴 줄 알아야 한다. 조급한 판단은 어리석음과 종이 한 장 차이에 불과하다.

가장 고귀한 복수는
용서다

하루는 소크라테스가 길을 가는데, 한 사람이 나타나 몽둥이를 휘둘렀다.
상처를 입고 쓰러지는 소크라테스를 일으킨 친구가 말했다.
"폭력을 휘두른 저 놈을 잡아 보복하자."
소크라테스는 흙 묻은 옷을 털면서 일어나며 조용히 말했다.
"그만두게나, 당나귀에게 차였다고 당나귀에게 복수할 수는 없지 않겠나."

때때로 사람들은 다른 사람에게서 좋지 않은 대접을 받으면 같은 행동양식으로 그 사람에게 복수를 한다. 결국에는 서로 복수를 하다가 자신들의 삶만 망치는 결과를 가져온다. 마음에 복수심이 든다면, 잠시 힘들더라도 관용의 미덕을 베풀 줄 알아야 한다. 삶에 있어 가장 좋은 복수는 당신이 너그러운 마음으로 복수의 대상을 용서하는 것이다.

자랑이야말로
자신을 옭아매는 일이다

한 호수에 기러기 두 마리와 개구리 한 마리가 살고 있었다. 어느 날 이곳에 가뭄이 들어 딴 곳으로 이사를 가야 했다. 그런데 문제가 생겼다. 기러기들은 날아서 가면 그만이지만 개구리는 아무리 뛰어도 멀리 갈 수가 없기 때문이었다.

이때 개구리가 한 가지 꾀를 내었다. 기러기들이 나뭇가지 끝을 서로 물고 그 가운데를 개구리가 물게 한 다음 날아가는 것이었다. 그런데 이들이 날아가는 것을 본 농부가 "이야! 영리한 생각이군, 누가 생각해 냈을까?"하고 감탄했다. 그러자 나뭇가지의 가운데를 물고 있던 개구리가 자랑하고 싶은 마음을 참지 못하고 외치고 말았다.

"그야, 내 생각이지!"

어리석은 개구리는 여지없이 땅에 떨어져 죽고 말았다.

자기 자랑으로 높은 평가를 받는 사람은 없다. 자신은 누구의 후손이며, 또 누구와 친하던가, 혼자서 양주 몇 병을 마셨다느니 하는 자랑은 자신의 인격을 드러내 보이는 것이다. 자랑은 자신을 치명적인 위험에 빠뜨리기도 한다.

자신의 전부를
타인에게 맡기지는 마라

남극에 사는 순박한 백곰이 어느 날 시베리아에 있는 흑곰의 방문을 받았다. 흑곰은 백곰의 아름다운 흰 털을 시기하며 말했다.
"남극은 이 지구에서 가장 추운 지방이 아닙니까? 이런 곳에서는 햇볕을 흡수하여 따뜻하게 해 주는 검정 털이어야 하는데 남극 곰님의 털은 하얀 백색이니 이 추운 지방에서 더욱 춥겠습니다."
"태어날 때부터 이런 털을 갖고 태어났으니 어쩌겠습니까?"
"남극 곰님도 참 딱하십니다. 검정 물을 들이면 되지 않습니까?"
남극 곰은 흑곰의 말을 따라 자기의 아름다운 흰털을 검정색으로 염색해 버렸다.
그런데 며칠 뒤 사냥꾼이 남극 곰을 향해 달려오고 있었다. 남극 곰은 평소처럼 잽싸게 하얀 눈과 얼음 사이로 몸을 숨겼다. 그러나 사냥꾼의 총구는 정확하게 남극 곰을 향하고 있었다.

신뢰할 수 있는 사람이 곁에 있다면 당신은 행복한 사람이다. 그러나 당신의 전부를 맡기지는 마라. 마지막 보루를 남겨둔다 해도 그 사람으로부터 불신을 사지는 않을 것이다. 무엇보다 당신의 운명이 걸린 일이라면 첫 번째로 당신 자신을 믿어라.

스스로 높일수록
낮아지는 게 인격이다

어느 대학병원에 두 명의 레지던트가 있었다. 그들은 서로 자신이 최고라며 도가 넘는 자존심 싸움을 했다. 하루는 두 사람이 병원의 복도를 걷고 있었다. 그런데 어떤 남자가 매우 고통스런 표정으로 허리를 숙이고 엉거주춤 걸어오고 있었다.
한 사람이 말했다.
"분명히 류마티스 관절염이야."
그러자 다른 사람이 머리를 저으며 말했다.
"천만에, 저건 디스크가 틀림없어!"
두 사람은 서로 자신의 진단이 맞을 거라 확신하며 말싸움을 했다.
그런데 그 남자가 그들에게 다가오더니 다 죽어가는 목소리로 신음하듯 물었다.
"저기, 화, 화장실이 어디죠?"

현명한 사람은 깊이가 깊을수록 자신을 낮춘다. 자신의 능력에 대해 겸손한 태도를 갖추는 것이 성장의 출발점이다. 사람은 자신이 잘나갈 때일수록 겸손함을 가지는 것이 중요하다. 잘난 체하는 것은 시기와 질투를 부르고 따돌림의 빌미가 된다.

올바른 판단력이
실력이다

물고기 두 마리가 싱싱한 지렁이 한 마리를 발견했다. 한 물고기가 그것을 집어삼키려고 하자 다른 물고기가 타일렀다.
"저 지렁이는 낚시 바늘에 걸려 있는 거야. 저것을 잘못 삼키면 바늘에 걸려 사람들의 식탁에 오르는 신세가 되고 말아."
그러나 다른 물고기는 그 말을 믿지 않았다.
"그걸 누가 믿어? 아무도 그것을 증명하지 못했잖아. 어디 사람들의 식탁까지 갔다 온 물고기가 있으면 증명해 봐. 네가 저 지렁이를 욕심내는 거지?"
물고기는 덥석 지렁이를 삼켰다. 그리고 다시는 바다로 돌아올 수 없었다.

어떤 일을 할 때 판단을 잘못하면 자신을 위험하게 만든다. 성급하고 깊이 없는 판단은 자신의 삶을 더욱 어렵게 하고 때때로 그 판단은 자신의 삶을 돌이킬 수 없을 정도로 망쳐버리고 만다. 너무 확신하는 버릇도 가지지 말아야 한다.

위기는 방심하는
사람만을 사냥한다

개구리 한 마리를 차가운 물이 담긴 큰 비커에 넣었다. 비커 밑에는 분젠 등을 놓고, 1초에 화씨 0.017도씩 데워지도록 불꽃을 조절했다. 비커는 낮은 것이었기 때문에 물이 뜨거워지면 개구리는 얼마든지 탈출할 수 있었다. 그러나 온도가 아주 서서히 높아지고 있었기 때문에 개구리는 온도의 변화를 눈치 채지 못했다.

온도계에 표시된 온도는 더 이상 개구리가 견디지 못할 정도로 높이 올라갔지만, 개구리는 여전히 웅크리고 있을 뿐이었다.

두 시간 반쯤 지난 뒤 개구리는 어떻게 되었을까? 개구리는 뜨거운 물에 푹 삶아져서 죽어 있었다. 자기도 모르게 죽은 것이다.

위기는 우리 자신도 모르는 사이 찾아올 수 있다. 하지만 그 위기를 극복하지 못하는 사람이 있는가 하면, 위기를 멋지게 이겨내는 사람도 있다. 위기는 방심하는 사람만을 사냥한다. 언제나 준비하며 살아가는 사람에게는 위기가 닥친다 하더라도 좋은 경험이 될 뿐이다.

3

지혜를 여는
보석상자

인생은 단 한 번뿐인
경험이다

자신의 삶에 자부심이 강한 남자가 있었다. 캐나다의 아름다운 루이즈 호수에서 산으로 두 시간 정도 오르면 또 하나의 호수가 산 높은 곳에 누워 있다. 그는 밤이 무르익어 갈 때 그곳을 올랐다. 달빛이 저 아래 루이즈 호수를 비춰주고, 밤하늘에는 보석 같은 별들의 숨소리가 천공에서 들려오는 환상의 산정이었다. 돌연 그는 자신이 얼마나 작은 존재인가를 실감하게 되었다.

'이 산에 오르지 않았다면 그저 내가 사는 세계가 최고인지 알았을 텐데, 이 높은 곳은 거대한 우주를 깨닫게 하는구나?'

사람은 어디서 와서 어디로 가는지 알 길이 없는 존재다. 한 그릇의 시냇물이 바다를 경험할 때 자신을 알게 된다.

자신이 경험한 삶의 고난이 우리에게 삶을 배우게 하고 삶의 상처를 이길 수 있도록 인도한다. 사람들은 가슴을 찌르는 깊은 아픔을 느끼고 난 다음에야 비로소 삶의 행복과 삶의 의미를 알 수 있다. 현명한 사람은 고난이라는 경험으로부터 많은 것을 배운다. 고통스러운 경험이란 삶에 많은 도움을 주는 보석 같은 가치를 지닌 지혜들이다.

질투는 행복을
파괴시킨다

레오나르도 다빈치가 가장 유명하던 때였다. 플로렌스의 한 건물을 장식하기 위하여 다빈치와 미켈란젤로에게 스케치가 맡겨졌다. 그 당시 미켈란젤로는 잘 알려지지 않은 젊은 화가였다. 그런데 다빈치가 스케치한 작품도 훌륭했지만 미켈란젤로의 스케치가 도착했을 때 사람들은 폭발적인 찬사를 보냈다.

다빈치는 자신의 삶에 두꺼운 먹구름이 몰려오는 것만 같았다.

'저 젊은 친구에 의해 내가 쌓아온 명성이 하루아침에 물거품이 되었구나.'

다빈치는 여생을 마칠 때까지 우울증에 시달려야 했다. 그의 마음속에 자리 잡은 질투가 이처럼 그의 생애를 파괴하게 된 것이다.

질투로 인하여 자신을 망치지 말아야 한다. 이 세상에 흠 잡힐 것이 없을 정도로 완벽한 것은 없다. 질투는 어떤 것보다 더 빨리 당신을 죽이는 것이다. 무엇이건 간에 질투하지 말라. 질투는 당신이 아름다운 생활을 하지 못하게 막는 것이다.

행복의 다른 이름은
만족이다

미국의 내부호 하워드 휴즈는 젊은 나이에 엄청난 재산을 모아 주위 사람들의 부러움을 샀다. 요즘 세계적으로 명성을 날리고 있는 할리우드 영화도 하워드 휴즈가 벌인 초창기 프로젝트 가운데 하나였다. 또 최고의 인기를 누리고 있는 뉴욕 브로드웨이 연극과 뮤지컬 사업, 미국 최대의 텔레비전 방송국 가운데 하나인 ABC 방송국과 TWA 항공사의 지분까지 소유한 그였다. 그는 가장 젊은 나이에, 그리고 가장 짧은 시간에 재벌로 급부상 한 사람이었다. 그가 남긴 유산은 당시로서는 천문학적인 액수였다.

그런데 그는 사람들에게 입버릇처럼 말했다.

"지금도 부족합니다. 저는 아직 행복하지 않아요."

그가 세상을 떠났을 때 그의 장례식에 참석한 사람의 숫자는 열 손가락으로 헤아리고도 남았다고 한다.

사람들이 행복하게 사는 방법 중의 하나는 행복의 눈빛으로 세상을 바라보는 일이다. 목마른 자만이 물의 소중함을 알고 배고픈 자만이 음식의 고마움을 깨닫고 피곤한 자만이 휴식의 가치를 안다. 불만으로 인해 자기를 학대하지 않으면 인생은 즐거운 것이다. 행복이란 스스로 만족하는 점에 있다

거짓은 모든
죄악의 씨앗이다

오래 전, 음악과는 전혀 무관한 남자가 속임수를 써서 중국 황제의 악단에 들어갔다. 공연 연습이나 연주가 있을 때마다 그는 피리를 입술에 대고 부는 시늉만 했다. 물론 소리는 전혀 나지 않았다. 그는 좋은 대우를 받으며 편안한 삶을 즐겼다.

그러던 어느 날 황제는 연주가마다 돌아가며 독주를 해달라고 말했다. 피리 부는 남자는 눈앞이 캄캄했다. 이제 와서 피리를 배우기에는 시간이 턱없이 모자랐다. 꾀병도 부려보았지만 연주를 피할 수는 없었다. 독주가 있던 날, 이 사기꾼은 독약을 먹고 자살했다.

자신이 할 수 없는 것을 할 수 있는 것처럼 함부로 떠들지 말아야 한다. 사람들은 때때로 잘난 척하는 거짓말의 유혹을 이기지 못하고 함부로 말을 하여 자신을 궁지로 몰아놓곤 한다. 어떤 것에 대하여 이야기를 할 때 과장하지 말아야 한다. 단 한 번의 거짓말로 그동안 쌓아온 명성을 한꺼번에 날려버릴 수도 있다.

같은 잘못을
다시 저지르지 말라

거대한 둑도 개미구멍 때문에 무너지게 되고, 대궐 같은 집도 굴뚝에서 새어나온 작은 불씨에 잿더미가 된다.
잘못에 대한 변명은 그것 때문에 또 다른 과오를 범하게 한다. 한 가지의 잘못을 범한 사람이 또 다른 거짓말을 하게 되는 것은 그 때문이다. 잘못은 그대로 인정하고 다시는 똑같은 잘못을 되풀이하지 말아야 한다.

자신의 잘못을 인정하는 것처럼 마음이 가벼워지는 일은 없다. 그에 비해 자기가 옳다는 것을 인정받으려고 안달하는 것처럼 마음 무거운 일도 없다. 잘못을 솔직히 시인하고 가벼운 마음으로 새날을 개척해 나가자.

기다리지 말고
지금 도전하라

아브라함 링컨은 전쟁의 실패에도 불구하고 당당하게 연설했다.
"나는 여러분들의 실패에 대해 관심이 없습니다. 나는 여러분들이 다시 일어나는 것에 관심이 있습니다."
그는 더욱 큰소리로 말을 이었다.
"여러분들은 기억도 할 수 없는 수많은 실패를 경험했습니다. 처음 걸음마를 하기 위해서 일어서다가 넘어졌을 것입니다. 처음 수영을 배울 때 물 속으로 쏙 빠지기도 했을 것입니다. 홈런을 많이 치는 타자일수록 스트라이크 아웃이 많습니다. 영국의 소설가 존 크래시는 564권의 책을 출판하면서 출판사로부터 753번 출판 거절을 당했습니다. 실패를 두려워하지 마십시오. 시도하지 않는 것 때문에 기회를 잃는 것을 염려하십시오."

　　　　이집트의 저 거대한 피라미드도 한 장의 작은 벽돌들이 모여서 만들어진 것이다. 최후의 승리는 결승점에 이르기까지의 끈기와 노력이다. 어쨌든 나 스스로 무엇인가 해보자는 적극적인 도전의 자세가 필요하다.

단점이 가장 빛나는
보석이 될 수도 있다

보석상이 여행지에서 고가의 보석 하나를 샀다. 그가 판단하기에 자국으로 가지고 가면 무척 비싼 값으로 되팔 수 있을 것 같았다. 그런데 그는 자신의 나라로 돌아와서야 보석에서 작은 흠집을 발견했다.
"이런 어쩌지? 그 나라로 다시 날아갈 수도 없고."
그대로 보석을 판다면 큰 손해를 볼 게 뻔했다. 보석상은 고민했다.
'어떻게 하면 이 보석을 다시 원래의 가치로 되돌릴 수 있을까?'
오랜 고심 끝에 그는 결정을 내렸다. 보석의 작은 흠에 장미꽃을 조각하는 것이었다. 그는 장미가 새겨진 그 보석을 경매에 내놓았다. 그런데 놀라운 일이 벌어졌다. 그 보석이 역대 최고의 경매가로 팔려나간 것이다.

자신의 단점은 작은 흠집과 같다. 숨기거나 감추려고만 하지 말고 과감히 새로운 장점으로 만들어 내라. 대부분의 사람들은 자신들의 장점과 재능을 가꾸거나 빛내지 못하기에 그것을 단점으로 알고 살아가고 있다.

세 치 혀가 사람을
살리거나 죽인다

주인과 함께 여객선을 타고 가던 원숭이가 실수로 바다에 빠졌다. 아무도 그의 모습을 보지 못했기 때문에 배는 떠나버리고 원숭이는 바다 한가운데서 허우적거리고 있었다. 그런데 마침 그곳을 지나던 돌고래가 인심을 썼다.
"큰일 날 뻔했네. 내 등에 타라구."
원숭이는 기뻐하며 돌고래 등에 올라탔다. 돌고래가 말했다.
"너는 어디서 왔니?"
그런 상황에서도 철없는 원숭이는 잘난 체하고 싶었다.
"너처럼 바다에 갇혀 사는 물고기들은 잘 모르는 곳이야."
돌고래는 화가 났지만 다시 물었다. 그러자 원숭이는 한술 더 떴다.
"나로 말할 것 같으면 이 바다보다 넓은 호수가 있는 왕국에서 왔지. 난 그 왕국의 왕자야."
원숭이의 허풍이 계속되자 돌고래는 참을 수 없었다. 원숭이를 등에서 떨어뜨려 버리고 바다 속으로 들어가 버렸다. 수평선에 섬 하나가 보일 듯 말 듯 한 곳에서.

말에 실수가 없는 사람은 온 몸을 잘 다스릴 수 있는 완전한 사람이다. 이처럼 혀도 인체에서 아주 작은 부분에 지나지 않지만 엄청나게 허풍을 떤다. 아주 작은 불씨가 큰 숲을 불살라 버릴 수도 있다.

나무는 클수록
그 뿌리가 깊고 단단하다

늦가을이 되면 동물들은 지방을 축적하기 위해 활동을 줄이고 동면을 준비한다. 식물은 잎의 엽록소가 사라지게 해 단풍으로 만든다. 엽록소 대신 안토시아닌 계통의 색소가 많아지면 이파리는 붉은 색을 띠고, 크산토필 계통의 색소가 많아지면 노란색이 된다. 이파리가 떨어지므로 영양분은 뿌리나 줄기에 저장된다. 또 나무는 자신이 얼지 않기 위해 물이 가지 끝까지 공급되지 않도록 한다. 동·식물도 알아서 겨울(위기)을 준비하는 데 사람이라고 다르겠는가?

꽃은 만개할 시기가 되면 피어나고 달은 차면 기운다. 융성한 기운이 있으면 몰락도 있기 마련이다. 쉬지 않고 돌아가는 수레바퀴도 언제인가는 멈추게 된다. 어떠한 대비도 하지 않는다면 불현듯 다가온 위기와 불행에 당신은 아무런 힘도 쓰지 못하고 당하고만 있을 것이다.

말과 행동은
한 몸이어야 한다

'안전운전'이라는 문구를 붙이고도 난폭하게 내달리는 버스나 총알택시가 있다. 교통사고의 주요 요인 가운데 과속이 차지하는 비중이 가장 높다. 사고자들이라고 사고를 내거나 당하고 싶었을까? 말로는 안전을 외치면서도 마음속으로는 '설마 내게 그런 일이 생기겠어.'하면서 질주를 하는 것이다.

말과 행동이 하나가 되는 사회, 말과 행동을 하나로 하는 사람이 만들어 가는 사회야말로 궁극적으로 우리가 추구하는 이상사회일 것이다.

말로는 그럴듯하게 말하고 행동은 그렇게 하지 않는다면 결국 다른 사람들로부터 배척을 당하고 만다. 사람은 말과 행동으로 인하여 다른 사람들로부터 평가를 받는다. 그렇기에 말은 예절을 지키면서 훌륭한 것을 말해야 하며, 행동도 예절을 지키면서 부끄럽지 않게 해야 한다.

친절해서 손해 볼 것은
아무것도 없다

어느 날 필라델피아에 있는 작은 호텔에 노부부가 심각한 표정으로 들어섰다.
"내일 축제 때문인지 호텔마다 꽉 차서 묵을 곳이 없네요."
호텔 종업원은 잠시 고민하더니 상냥한 목소리로 말했다.
"여기에도 객실은 없지만 제 방이라도 괜찮다면 조금 불편하시더라도 사용하십시오."
노부부는 감사를 전하며 종업원의 쪽방에서 하룻밤을 묵었다. 그런데 다음날 아침 노부부는 그 종업원에게 자신들의 신분을 밝혔다. 그들은 미국에서 가장 많은 호텔을 보유하고 있는 사업가였다.
노부부는 작은 친절을 베푼 이 종업원을 자신들이 운영하는 호텔의 총지배인으로 스카우트했다.

그릇이 큰 사람은 남에게 호의와 친절을 베풀어주는 것으로 자신의 기쁨으로 삼는다. 다른 사람에게 어떤 좋은 일을 할 수 있거나 어떤 친절을 보일 수가 있다면, 지금 곧 행하라. 왜냐하면 나는 다시는 이 길을 지나가지 않을 테니까.

작은 이익을 탐내다가는
큰 이익을 잃게 된다

진 나라의 헌공은 우 나라의 길을 빌려 괵 나라를 치고자 했다. 그래서 순식에게 수극 지방에서 나는 큰 옥과 굴산 지방에서 나는 명마들을 보내면서, 우공에게 그것들을 뇌물로 바치고 괵으로 가는 길을 빌려 보라고 했다.

우공은 그 물건들이 탐이 나서 그 요구를 들어주려 했다. 궁지기란 신하가 그 요구를 들어 주면 안 된다고 간청했지만, 그는 듣지 않았고 결국 길을 빌려 주었다. 순식은 괵을 쳐서 이기고 돌아와 3년 후에는 다시 군사를 일으켜 우를 치고 말았다. 우공은 작은 이익을 탐내다가 오히려 큰 해를 당한 것이다.

무릇 큰 일은 금세 이루어지는 게 없다. 그러므로 일을 빨리 이루려 하는 사람은 그 추구하는 것도 반드시 작다. 마음을 멀고 오랜 것에 둔다면 작은 이익에 동요되지 않는다.

작은 이익을 위해 너무 심하게 다투다보면 큰 것을 잃어버리게 된다. 사람들은 종종 하찮은 이익을 가지고 다투다가 정작 큰 이익을 잃어버리고 큰 손실을 당하는 경우가 많다. 눈앞의 이익보다는 앞을 내다볼 수 있는 안목이 필요한 세상이다.

내가 베푼 친절은
반드시 돌아온다

한 부인이 길을 가는데, 한 청년이 바닥에 앉아 신음하고 있었다. "여기서 왜 이러고 있어요?"
"불량배에게 맞고 지갑까지 빼앗겼어요."
청년의 얼굴에는 심한 상처가 나 있었다. 부인은 청년에게 선뜻 5만 원을 건네주며 말했다.
"이 돈으로 우선 가까운 병원에 가 보세요."
청년은 몇 번이나 머리 숙여 감사했다.
"전화번호를 알려주세요. 반드시 이 돈을 갚겠습니다."
부인은 전화번호를 적어 주었다. 그러나 한달이 지나도 아무런 연락이 없었다. 마음이 너그러운 부인이었지만 속이 상할 수밖에 없었다. 그런데 어느 날 부인이 화장을 하려 할 때 편지가 든 봉투 하나가 화장대에 놓여 있었다.
"여보, 당신의 착한 마음이 행여 상처를 받을까 걱정이오. 청년 대신 내가 갚는 것이오."

지혜로운 사람은 이해관계를 떠나서 누구에게나 친절하고 어진 마음으로 대한다. 왜냐하면 어진 마음 자체가 나에게 따스한 체온이 되기 때문이다. 친절은 세상을 아름답게 한다. 모든 비난을 해결한다. 얽힌 것을 풀어헤치고, 곤란한 일을 수월하게 하고, 암담한 것을 즐거움으로 바꾼다.

거절할 때는 분명하게
NO라고 말하라

어느 날 영리한 여우 한 마리가 바닷가에 갔다. 그 여우는 바다 속의 물고기들에게 이렇게 속삭였다.

"물고기 여러분, 바다 속은 위험하니까 뭍에 올라와서 우리들과 함께 삽시다. 어부들이 그물을 쳐서 여러분을 잡으려고 한답니다. 육지에 올라오면 그런 걱정을 할 필요가 없어요."

물고기 대표들이 모여서 회의를 했다. 회의는 좀처럼 끝나지 않았다. 여우는 머리가 영리하니까, 그 말에 일리가 있다는 주장에서부터 바다 속에 사는 것이 위험하기는 하지만 그래도 지금까지 잘 살아오지 않았느냐는 반론이 서로 대립했다. 물고기들은 오랜 숙의를 거듭한 끝에 여우의 제안을 거절하기로 결정했다. 물고기 대표가 물 위로 얼굴을 내밀고 이렇게 말하는 것이었다.

"여우님, 우리를 생각해 주는 것은 고맙지만 우리는 물 속에서 사는 것이 마음 편합니다."

황당한 요구에는 NO라는 대답을 확실하게 하여야 한다. 꼭 거절해야 하는 일이지만 혈연, 학연, 지연 등의 이유로 인하여 다른 사람들의 부탁이나 상사의 명령 등을 거절하기 어려울 때가 있다.

거절로 인하여 다른 사람의 미움을 받을 수도 있고 자신이 불이익을 당할 수도 있다. 하지만 자신이 NO라는 말을 제대로 하지 못하고 우유부단하게 행동하다가는 큰 화를 불러올 수 있다.

내 인생의 선택을
다른 사람에게 맡기지 마라

세계적인 테너가수인 파바로티는 어릴 때부터 음악적인 재능을 가지고 있었다. 빵장수를 하던 아버지는 아들의 재능을 키워주기 위해 애를 썼다. 그러나 파바로티의 생각은 달랐고, 교육자가 되는 길을 선택했다. 그는 교육대학 졸업을 앞두고 고민에 빠졌다. 그때서야 성악을 향한 열의가 다시 불타올랐던 것이다.

아들이 고민하는 모습을 본 아버지가 파바로티를 불렀다. 아버지는 방안에 있던 의자 두 개를 멀리 떼어 놓은 뒤 이렇게 말했다

"이처럼 멀리 떨어져 있는 의자 위에 동시에 앉으려면 너는 바닥에 떨어지고 만다. 의자에 앉으려면 반드시 한 의자를 선택해야 하고 그 선택은 네 자신이 해야 한다."

파바로티는 자신의 길을 바꿀 중대한 결심을 했다. 다시 성악을 선택한 것이다.

다른 사람에게 자신이 믿고 따르는 가치관과 종교를 믿도록 강요하는 사람이 있는가 하면, 자기가 결정하기보다는 다른 사람의 말을 맹목적으로 믿고 그들에게 선택을 맡기는 사람들이 있다. 전자의 사람이나 후자의 사람이나 똑같은 잘못을 저지르고 있는 것이다. 인생의 선택은 그 주인만이 할 수 있다.

용서할 줄 아는 사람이
자부심이 높다

노벨상을 수상한 호주의 동물학자 로렌츠박사는 오랫동안 동물의 특성에 대해 연구했다. 그의 연구발표에 의하면 동물들은 싸울 때 각각 독특한 모양으로 항복의 표시를 한다.

원숭이가 엉덩이를 들고 땅에 바짝 엎드리면 상대방은 더 이상 공격을 하지 않는다. 개가 꼬리를 내리고 목을 보이면 이것은 더 이상 싸울 자신이 없다는 표시다. 동물들은 상대가 항복의 자세를 취하면 더 이상 공격하지 않는다. 이것이 동물의 질서다.

그러나 사람의 싸움은 끝이 없다. 상대방이 잘못을 시인하고 항복을 해도 공격을 멈추지 않는다. 오히려 약점을 잡아 더욱 맹렬하게 공격해 상대방을 때려눕힌다. 상대방의 잘못에 대해 두고두고 계속 추궁한다. 좀처럼 공격의 고삐를 늦추지 않는다.

다른 사람이 일단 자기의 잘못을 시인하면 다시 그 문제에 대하여 말하지 말아야 한다. 또 지난날의 일을 가지고 꾸짖음을 되풀이 하면 상처를 입게 된다. 남의 잘못을 용서할 수 없는 사람은 자기도 그와 같은 잘못을 저질러 고통을 당하게 된다. 쥐도 궁지에 몰리면 고양이를 무는 법이다.

너무 서두르면
도리어 늦을 수 있다

영국의 헉슬리 교수가 더블린에서 개최되는 대영학술협회 모임에 참석하기 위해 기차를 탔다. 기차가 연착하는 바람에 시간이 무척 촉박했다. 그는 더블린 역에서 내리자마자 얼른 이륜마차를 잡아탔다. 그리고는 마부에게 급하게 소리쳤다.

"빨리 갑시다!"

마부는 듣자마자 힘차게 채찍을 휘두르며 마차를 몰기 시작했다. 마차는 몹시 덜컹거렸지만 마음이 급했던 헉슬리는 크게 개의치 않았다. 그런데 어느 정도 거리를 지났을 때 그는 이상한 기분이 들었다. 자신이 목적지를 말하지 않은 것 같았다. 그는 마부에게 물었다.

"지금 어디로 가고 있는 거요?"

마부가 대답했다.

"모르겠는데요. 그냥 시키신 대로 빨리 달리고만 있습지요."

어떤 일에 대하여 결정을 내리기 전에 먼저 모든 상황을 다시 점검해 보는 것이 바람직하다. 자신의 결정은 항상 깊고 진지하게 하여야 한다. 욕속부달(欲速不達)이라는 말이 있다. 서두르면 도리어 목적지에 도달하지 못하게 된다는 뜻이다. 급할수록 천천히, 급할수록 돌아가라 하지 않았는가!

협력은 위대한 일을
성취하는 밑거름이다

벤저민 프랭클린은 필라델피아 사람들에게 가로등 하나가 얼마나 도움이 되는지 설득하려고 아름다운 등을 하나 샀다. 유리를 잘 닦아 자기 집에서 길가로 길게 연결한 등 받침대를 설치하고 그 위에 등을 올려놓았다.

해가 지고 어두움이 거리를 덮자 그 등에 불을 지폈다. 그러자 동네사람들이 프랭클린 집 앞에서 길을 비추고 있는 따뜻한 등불을 보게 되었다. 그 집에서 좀 멀리 사는 사람들도 그 불빛에 호감을 갖게 되었다. 그 집 앞을 지나다니는 사람들은 길바닥에 솟아오른 돌멩이들에 걸려 넘어지지 않고 피해갈 수 있다는 사실을 알게 되었다.

머지않아 다른 사람들도 등을 자기 집 앞에 내놓기 시작했다. 필라델피아는 한 사람이 내건 등으로 인해 미국에서 길거리를 가로등으로 환하게 만든 첫 번째 도시가 되었다.

이 세상을 살아가는 사람들이 자신들에게 서로 부족한 것을 보충하면서 협력한다면 비록 어떤 것이 부족할지라도 좋은 결과를 가져올 수 있다. 서로 이익을 보면서 돕는 것은 자신의 삶을 좀 더 나은 방향으로 인도해 주는 것은 물론 사회를 행복하게 만들어 주는 역할을 한다. 또한 위대한 일을 성취하게 하는 아주 좋은 밑거름이다.

깊이 판 우물에서
맑은 물이 나온다

우리는 많은 분야에서 뛰어난 재주를 세계에 자랑하고 있다. 도자기 기술, 병아리 암수 감별하는 능력, 금은 세공 기술 등 세밀한 기술이 필요한 분야에 강하다. 특유의 젓가락 문화에서 비롯된 능력이라는 말도 있다.
이처럼 우리나라 사람들은 손으로 하는 기술은 타의 추종을 불허할 정도다.
그러나 여러 가지 손재주를 가졌다 해서 성공하라는 법은 없다. 많은 것을 잘하는 사람은 무슨 일을 하더라도 깊이가 없으므로 한 가지 뛰어난 사람에 비하면 재주가 없는 것과 같다. 국가적인 일이든 개인적인 일이든 어느 하나를 주요 목표로 정하고 정신을 집중하는 게 성공의 지름길이다.

자신의 능력을 다양하게 키우는 것은 중요하다. 자신의 능력 중에서 주력으로 삼을 것을 견고하게 다져 놓은 후에 다양하게 하는 것을 생각하여야 한다. 하나를 깊이 파다 보면 자연히 둘이 보이고 셋이 보이는 지혜를 얻게 된다. 이것저것 집적대다가는 아무것도 없을 수 없다.

돌이 될 것인가
다이아몬드가 될 것인가?

사람과 보석은 네 가지 공통점이 있다. 첫째는 투명도다. 보석과 사람은 맑음의 정도에 따라 가치가 달라진다. 둘째는 무게(Carat)다. 가벼울수록 다이아몬드의 가치가 떨어지는 것처럼 생각과 행동이 가벼운 사람은 인정받지 못한다. 셋째는 색깔(Color)이다. 가치 있는 보석일수록 신비한 빛을 발한다. 인간의 삶에도 나름대로 빛과 향기가 있다. 넷째는 모양과 결(Cut)이다. 보석은 깎이는 각도와 모양에 따라 가치가 달라진다. 가치 있는 사람은 주위를 향해 찬란한 빛을 발한다.

보석 하나를 두고도 사람들은 저마다 다른 가치를 생각한다. 돌을 다이아몬드로 깎는 사람이 있고, 다이아몬드를 돌로 보는 사람도 있다. 세상에서 아무리 귀중한 것이라도 자신에게 필요 없는 것이라면 그것에는 가치가 없다.

승자는 새벽을 깨우고,
패자는 새벽을 기다린다

독일의 철학자 임마누엘 칸트는 매우 논리적이고 신중한 사람이었다. 다른 면으로 보면 매사에 신속한 결단을 내리지 못하는 우유부단한 성격을 가지고 있었다.

칸트는 한 여인과 사귀고 있었는데 도무지 구혼을 하지 않았다. 기다리다 못한 여인이 먼저 칸트에게 청혼했다.

"저와 결혼해 주세요."

칸트의 대답은 간단했다.

"한번 생각해 보겠습니다."

칸트는 그때부터 결혼에 대한 연구를 시작했다. 도서관에 가서 결혼에 관한 자료를 수집했다. 결혼에 대한 찬성과 반대의 글을 읽으며 연구에 몰입했다. 그리고 여인과 결혼하기로 최종결론을 내렸다. 칸트는 여인의 집에 찾아가 문을 두드렸다. 그때 여인의 아버지가 나와 말했다.

"너무 늦었소. 내 딸은 이미 세 아이의 어머니가 됐다오."

망설이지 말고 지금 실행하라. 우유부단 하게 처리한다면 어떤 경우에는 안 하는 것보다도 못한 결과를 가져온다. 당신에게 어떤 목표가 정해졌으면 이제 무소의 뿔처럼 혼자서 가라. 자꾸 망설이는 사람은 결국 아무 것도 하지 못하고 끝난다.

작은 실천이
큰 생각보다 낫다

물방앗간 심부름꾼으로 갖은 고생을 겪으면서 큰 부자가 된 사람이 있었다. 그에게 한 기자가 찾아왔다.
"성공 비결이 무엇입니까?"
"첫째는 절대로 술을 마시지 말 것, 둘째는 수고하는 것을 싫어하지 말고 부지런히 일할 것, 셋째는 자신과 미래를 믿고 걱정하지 말 것입니다. 이 세 가지가 오늘의 저를 있게 만든 것입니다."
그러자 그 기자는 이상하다는 듯이 되물었다.
"그거야 누구나 다 아는 평범한 이야기가 아닙니까?"
부자는 웃으며 말했다. "그렇습니다. 하지만 그것을 알고 있다는 것은 중요한 일이 못 됩니다. 누구나 다 아는 평범한 진리이지만 실천하지 않는다면 무슨 소용이 있겠습니까? 정말로 중요한 것은 작은 것 하나라도 실천에 옮기는 것입니다."

말로만 하고 실천이 없는 삶을 산다면 그는 가짜 인생을 살고 있는 것이다. 자신의 꿈과 계획을 실천하는 사람, 그 모습처럼 이 세상에서 아름다운 것은 없다. 빛깔은 아름다우나 향기 없는 조화처럼, 말이나 지식이 아무리 많고 훌륭하다 하더라도 실천하지 않는다면 소용없다.

작은 일에 심술을 부리면
소인배가 된다

새벽마다 수탉은 지붕 높은 곳에 올라 목청 높여 우는 것으로 아침이 오는 것을 알렸다. 그런데 하루는 괜히 심술이 났다.
"도대체 사람들은 내가 얼마나 소중한 존재인지 모르는 것 같아. 그렇지 않고서야 저 소나 돼지에게는 좋은 음식을 먹여 주면서, 난 스스로 먹이를 구하도록 내버려 두겠어? 좋아! 내일부터는 아침이 와도 알려 주지 않을 거야. 그러면 나의 소중함을 알겠지."
밤이 지나고 새벽이 다 되었는데도 수탉은 닭장에서 나오지 않았다. 늦게 일어난 농부는 닭장에 있는 수탉을 보고 화가 나서 이렇게 말했다.
"이젠 이 닭도 쓸모가 없게 되었으니 저녁에 돌아와서 잡아먹어야겠다."

자신의 마음에 들지 않는다고 다른 사람에게 심술을 부리듯이 세상을 살지는 마라. 사람의 도리란 세상을 살아가면서 상대편의 입장을 이해하여 그 사람을 배려하기 위해 노력하여야 한다. 당신이 남의 입장을 배려해 줄 때 당신도 배려 받을 수 있다.

잘못된 친절은
다른 사람에게 독이 될 수 있다

미국 동부에 강한 눈보라가 몰아쳤다. 기차는 제 속도를 내지 못한 채 거북이처럼 조심스럽게 움직였다. 승객 가운데 갓난아기를 안은 한 여인이 있었다. 그녀는 자신이 내릴 역을 지나치지 않으려고 잔뜩 신경을 쓰고 있었다. 그때 한 신사가 여인에게 말했다.
"걱정하지 마세요. 내가 내릴 역을 가르쳐 드리지요."
기차는 눈보라를 뚫고 서서히 달렸다. 기차가 어느 역에 멈춰 서자 신사가 여인에게 말했다.
"이곳에서 내리십시오."
여인은 신사에게 몇 번이나 고맙다는 인사를 했다. 그리고 갓난아기를 안고 기차에서 내렸다. 그런데 다음 정거장에서 신사는 머리를 감싸 안으며 울부짖었다. 여인이 내려야 할 역은 바로 이곳이었다. 신사는 기차가 잠시 멈춘 줄도 모르고 여인에게 길을 잘못 가르쳐준 것이었다.
이튿날 여인이 내린 철길 옆에는 아기를 안은 여인의 모습을 한 눈덩이가 발견됐다. 여인은 낯선 철길에서 아기를 안은 채 얼어 죽은 것이다.

나의 한 마디 말과 행동이 다른 사람들에게 치명적인 영향을 미칠 수 있다. 모든 친절이 다 가치 있는 것은 아니다. 누군가에게 도움을 줄 때는 반드시 상대방의 입장을 생각해야 하고, 그것이 옳은 길인지 진지하게 고민해 봐야 한다.

어떤 고난이라도
지혜롭게 즐겨라

에디슨은 자철광에서 철을 분리하는 광산 사업에 손을 댔다가 크게 실패했다. 그는 한순간에 모든 재산을 날려버렸다. 하지만 그는 고난에 좌절하지 않았다. 오히려 고난을 즐겼다. 그는 사업에 실패한 경험을 살려 인조 시멘트 사업에 손을 대서 마침내 성공했다.

그는 나중에 회고했다.

"내가 광산에서 일하던 5년 간이 나의 일생에서 가장 즐거운 시절이었다. 다른 것을 생각할 여유도 없이 일에 몰두했고, 그 과정에서 여러 가지를 배울 수 있었다. 실패의 교훈은 언젠가 자신에게 이익이 되어 돌아올 것이라 믿는다."

무슨 일이든지 처음에는 고난이 있다. 그 최초의 고비를 두려워 말라. 첫 고비를 넘으면 그보다 일은 훨씬 수월해지는 법이다. 고난 속에서 비로소 우리는 자기 자신을 알게 된다. 능숙한 선장은 폭풍을 만났을 때 폭풍에 반항하지 않으며 절망하지도 않는다. 항상 확고한 승산을 가지고 최후의 순간까지 전력을 다해서 활로를 열려고 한다. 여기에 인생의 고난을 돌파하는 비결이 있다.

무지 속에서 얻은 행운은
오래가지 않는다

사향노루 한 마리가 산과 강을 찾아 헤매고 있었다. 끊임없이 자신의 코를 자극하는 향기를 찾기 위해서였다. 하지만 지칠 대로 지칠 때까지 그 향기의 주인을 찾지 못했다.

사향노루가 절벽 위에 다다랐을 때였다. 절벽 아래에서 바람이 불어와 산뜻한 향기가 코를 자극했다. 정신이 혼미했던 노루는 그 향기를 쫓아서 그만 절벽 아래로 뛰어내리고 말았다.

온몸이 으스러진 사향노루는 조금 더 진해진 향기를 맡으며 죽어갔다. 자신에서 그 향기가 나고 있다는 사실을 모른 채……

 우파니샤드 중에 이런 글이 있다.

"무지 속에 갇혀 있는 사람들은 스스로를 상당한 지식인이라거나 대단한 학자라고 생각하면서 영영 삐뚤어진 길로 가게 된다. 마치 눈 먼 장님들을 역시 눈 먼 다른 장님이 인도하여 영영 삐뚤어진 길로 가게 되는 것처럼……"

정직은 그대에게
주어진 백지수표다

은행에서 돈을 대출 받았던 한 사업가가 돈을 갚으려고 은행으로 찾아갔다. 그런데 그날 마침 전쟁이 터져 은행은 혼란스러웠다. 은행 직원이 그에게 말했다.

"난리통에 어떻게 될지 모르니 지금 갚을 필요가 없겠네요. 어서 피난이나 가세요."

하지만 이 사업가는 갚아야 할 돈은 꼭 갚아야 한다며 가지고 온 돈을 놓고서야 피난을 떠났다.

전쟁이 끝나고 이 사업가는 다시 사업을 시작했고, 군부대에 생선을 납품하는 원양어업에 뛰어들 기회를 얻게 되었다. 그러나 돈이 전혀 없었기 때문에 사업자금 융자를 신청하기 위해 은행에 갔다.

"담보가 없기 때문에 융자해 줄 수 없습니다. 죄송합니다."

그가 은행직원의 냉정한 말에 실망을 하며 돌아서려 할 때였다.

"선생님! 잠시만요!"

그를 부른 사람은 예전에 대출금을 받았던 그 은행직원이었다. 그 직원은 어느새 지점장으로 성공해 있었고, 사업가는 그의 도움으로 대출금을 확보할 수 있었다. 물론 그 사업가는 나중에 큰 성공을 거두었다.

어떤 직업이나 장사든지 어느 정도의 정직을 보이는 것이 그 사람을 부자로 만들어 줄 수 있는 가장 확실한 방법이다. 남의 믿음을 잃었을 때에 사람은 가장 비참한 것이다. 백 권의 책보다 하나의 성실한 마음이 사람을 움직이는 힘이 더 크다.

오늘 최선을 다하면
내일은 저절로 찾아온다

에티오피아에 아베베라는 마라톤 선수가 있었다. 그는 1960년 로마올림픽 때 맨발로 뛰어서 우승했다. 기적 같은 일이었다. 그래서 전 세계가 인간승리라고 극찬했다. 4년 후 도쿄올림픽 때는 운동화를 신고 뛰어서 또 우승했다. 그는 우승 기념으로 자동차를 선물로 받았다.

그런데 불행하게도 자동차 사고로 하반신이 마비되는 중상을 당했다. 사람들은 그의 달리는 모습을 못 보게 돼 아쉬워했다.

그런데 4년 후, 그는 런던 장애인올림픽에서 휠체어를 타고 달려 또 우승을 했다.

당신이 세상에서 어떤 것을 이루려고 한다면 목숨을 걸고 최선을 다하여야 한다. 헬렌 켈러는 이런 말을 했다. "우리가 하고 있는 일에 최선을 다할 때, 우리의 삶과 타인의 삶에 어떤 기적이 일어날지 아무도 모릅니다!" 자기의 맡은 일에 최선을 다하라. 그렇게 할 때 최선의 이익이 돌아올 것이다.

꿈을 그리는 사람은
그 꿈을 닮아간다

남극 탐험가 스콧대령의 추도식 때 영국 왕은 바닥에 무릎을 꿇고 경의를 표했다. 그것은 일개 군인의 용기와 기백에 대한 존경의 뜻이 아니라 생명이 다하는 순간까지 '희망의 노래'를 불렀던 위대한 인간에 대한 존경의 표시였다.

1912년 1월 18일, 스콧대령은 아문젠에 이어 두 번째로 남극을 정복했다. 그는 돌아오는 길에 영하 42도의 추위와 식량고갈 등으로 동사하고 말았다.

그런데 스콧대령의 일기에는 다음과 같은 글이 적혀 있었다.

"이제 우리는 죽는다. 연료와 식량은 동이 났고 동상으로 몸을 움직일 수조차 없다. 절망의 상태다. 그러나 우리는 안일한 삶보다는 차라리 지금의 고통을 택할 것이다. 우리는 아직도 천막 속에서 '꿈과 희망의 노래'를 부르고 있다."

한 가지 뜻을 가지고 그 길을 걸어라! 고난이나 잘못도 있을 것이다. 그러나 다시 일어나서 앞으로 가라! 위대한 일을 성취하려면 행동뿐만 아니라 꿈을 꾸어야 하며, 계획을 세우는 것뿐만 아니라 그것을 믿어야 한다. 생의 마지막까지 꿈을 잃지 않는 자만이 웃으며 눈을 감을 수 있다.

서로 도움을 줄 수 있는 친구가
진짜 친구다

어느 날 아버지는 아들이 불량한 소년들과 함께 어울려 놀고 있는 것을 보았다. 그날 저녁 아버지는 정원에서 빨간 사과 여섯 개를 따다가 쟁반 위에 얹어 놓고 아들 앞에 내밀었다.

아버지는 아들에게 그 사과는 아직 익은 것이 아니니까 다 익을 때까지 며칠 그대로 두어야 한다고 말했다. 그러고는 사과를 보관하면서 완전히 썩어 버린 하나를 그 여섯 개의 사과들과 함께 두었다.

이것을 본 아들이 말했다.

"썩은 사과가 다른 사과를 모두 썩게 할 텐데요."

그러자 아버지가 대답했다.

"싱싱한 사과가 썩은 사과를 싱싱하게 만들 수도 있지 않겠니?"

그로부터 8일이 지난 뒤 사과를 꺼내왔는데 과연 모두 썩어 버렸다. 아들이 말했다.

"그것 보세요. 다 썩어버렸잖아요!"

아버지는 자상한 목소리로 아들을 타일렀다.

"얘야, 좋은 사과 여섯 개가 한 개의 썩은 사과를 싱싱하게 만들지 못할 뿐더러 싱싱한 여섯 개 모두 썩어 버린 것을 보면, 나쁜 친구들과 어울리면 네가 어떻게 될 거 같니?"

친구란 내 부름에 대한 메아리이다. 좋은 친구를 만나고 싶거든 내가 먼저 좋은 친구가 되어야 한다. 사람은 끼리끼리 어울리는 법이다. 그리고 친구의 영향을 알 듯 모를 듯 젖어든다.

4

사랑을 여는 보석상자

하나를 알면서
셋을 안다고 착각하지 말라

한 구둣가게 주인이 실수로 같은 구두에 각각 5만 원과 7만 원이라는 두 가지 가격표를 붙이게 되었다. 가죽의 질이나 공정, 디자인도 똑같았다.
그런데 7만 원짜리 구두는 불티나게 잘 나가는데도 5만 원짜리 가격표가 붙은 구두는 거의 나가지 않았다. 사람들은 나름대로 좋은 구두를 사기 위해 고민했겠지만, 결과를 보면 그들의 마음속에는 선입견이 자리 잡고 있었던 것이다.
'값싼 것은 뭔가 결점이 있을 거야. 비싼 것은 뭐가 달라도 다르겠지.'

세상 경험이 부족한 이들이 가장 쉽게 저지르는 실수 가운데 하나는 하나를 아는 데도 셋을 안다고 착각하는 것이다. 선입견이나 정보만 가지고 사람이나 사물의 가치, 현상이나 상황에 대해 단정적으로 판단하는 것은 실책이다.

자신의 가치는
자신만이 결정할 수 있다

스승은 제자에게 보석을 하나 주면서 값을 알아보라고 했다. 제자는 먼저 야채가게에 들렀다.
"이 보석을 드리면 내게 무엇을 주겠소?
가게 주인이 대답했다.
"예쁜 돌이네요. 배추 두 포기를 주겠소."
이번에는 대장간으로 갔다. 대장장이는 평소 보석에 관심이 많았기 때문에 꽤 많은 돈을 주겠다고 제의했지만 제자는 거절하고 한 보석상으로 들어갔다. 보석을 유심히 살펴본 보석상 주인은 놀라움을 금치 못했다.
"이 보석은 돈으로 계산할 수 없는 엄청난 가치를 지니고 있다네."
제자는 이 말을 듣고 스승에게 돌아와 자초지종을 설명했더니 스승은 이렇게 말했다.
"사람은 자신을 하찮은 배추 두 포기에 팔아넘길 수도 있고 얼마큼의 돈을 받고 팔아넘길 수도 있다. 하지만 원한다면 돈으로 따질 수 없을 만큼 고귀한 존재로 자신을 만들 수도 있는 것이다. 그 모든 것은 자신이 어떻게 생각하고 행동하느냐에 달려 있다."

우리는 자신의 가치를 스스로 인정해야 한다. 다른 사람들이 우리의 가치를 인정해 줄 것으로 믿었다가 그 기대가 어긋나 버리면, 실망할 수밖에 없다. 늘 자신을 알리는 데만 너무 급급하지 말고 자신의 가치를 높이는 데 전념하도록 하라.

눈으로 보이는 것만이
진실은 아니다

히말라야 고산족들은 독특한 방식으로 가축으로 기르는 소나 양 값을 매긴다.
아래서부터 위로 오르며 풀을 뜯는 짐승들이 위에서 아래로 내려가며 풀을 뜯는 짐승보다 훨씬 높은 값을 받는다. 무게나 겉모습을 보는 게 아니라 그 가축의 버릇으로 값을 정하는 것이다.
이러한 방식에는 그들만의 지혜가 숨어 있다. 온통 벼랑뿐인 히말라야에서 가축들이 풀 없는 저지대로 내려가면 굶어죽기 마련이다. 하지만 힘들더라도 위를 보며 풀을 뜯게 되면 생존할 수 있다는 것이다.

단지 눈으로 보이는 것만이 진실은 아니다. 버섯도 아름답고 색이 화려한 것은 독을 가지고 있다. 사람의 모습도 마찬가지다. 첫인상이 중요하긴 하지만, 그 중요성에 비해 그 정확성은 그리 신뢰할 만한 것이 아니다. 겉모습이란 우선 진실인 척하는 것이기 때문이다. 껍질 너머 내면까지 바라볼 줄 알아야 진실을 보았다 할 것이다.

그대는 자신이 생각하는 것보다
더 많은 것을 가지고 있다

영국에서 평생 구걸만 하던 한 할아버지가 어느 집 주인을 찾아갔다. 그리고 햄버거 사 먹을 돈을 얻은 뒤 감사의 표시로 자신이 가지고 있던 먼지 묻은 바이올린을 줬다.

"고맙습니다. 제가 드릴 것은 이것밖에 없답니다."

그 할아버지는 얼마 뒤 거리에서 죽은 채 발견되었다. 그런데 얼마 후 집 주인은 바이올린의 먼지를 닦다가 깜짝 놀랐다. 바이올린의 제작년도는 1704년이었고, 당대 최고의 장인이 만든 작품이었기 때문이었다. 가격만 해도 수십억 원이 넘을 정도였다.

만약 노인이 바이올린의 가치를 알았다면 굶주릴 필요가 없었을 것이다. 자신이 뭘 지니고 있었는지 몰랐기 때문에 평생 구걸 인생을 산 것이다.

그대는 그대 자신이 알고 있는 것보다 훨씬 더 큰 가치를 지닌 사람이다. 자기 자신의 가치를 사회가 인정해 주길 바란다면, 스스로 자신의 가치를 주장해야 한다. 상품을 팔려면 보기 좋게 진열해 놓아야 한 것처럼 자신이 가진 것을 가꾸고 드러낼 줄도 알아야 한다.

지혜의 보석상자

자신의 결점을 돌아보고
다른 이의 결점을 비판하라

어떤 부부가 차에 기름을 넣기 위해 주유소에 들어왔다. 주유소 직원이 연료를 넣으면서 앞 유리를 닦아 주었다. 그런데 남편이 불만스럽게 말했다.

"유리가 아직 더러우니 한 번 더 닦아 줘요."

직원은 군말 없이 유리를 닦았다. 이번에는 더 정성껏 닦아냈다. 하지만 이번에도 남편은 마음에 들지 않았는지 화를 내며 말했다.

"이게 뭐요? 왜 엉터리로 닦는 거요?"

직원은 이해할 수 없었지만, 다시 한 번 정성을 다해 유리를 닦았다. 그러나 이번도 그 남편은 화를 냈다. 그 때 부인이 남편을 막아섰다.

"여보, 안경 좀 닦고 다시 보세요."

남편은 안경을 벗어 깨끗이 닦은 다음 다시 써 보았다. 자동차 유리는 새 차처럼 윤기가 나 있었다. 남자는 고개를 들지 못하고 사과할 수밖에 없었다.

사람은 때때로 남의 결점을 파헤침으로써 자신의 존재를 돋보이려고 한다. 그러나 그렇게 함으로써 자신의 결점을 드러내는 것이다. 어리석은 사람은 타인의 결점을 들어내고, 자신의 결점은 잊어버린다. 어쩔 수 없이 다른 이의 결점을 지적해야 한다고 해도 그보다 먼저 자신을 돌아봐야 한다.

환경을 탓하지 말고
환경을 만들어라

어느 의과대학에서 교수가 학생들에게 한 가지 질문을 했다.
"한 부부가 있는데, 남편은 매독에 걸려 있고, 아내는 심한 폐결핵에 걸려 있다. 이 가정에는 아이들이 넷 있는데, 하나는 며칠 전에 병으로 죽었고, 남은 아이들도 결핵으로 누워 살아날 것 같지 않았다. 이 부인은 현재 임신 중인데, 어떻게 하면 좋을까?"
그러자 한 학생이 대뜸 소리쳤다.
"낙태수술을 해야 합니다."
교수가 말했다.
"자네는 방금 베토벤을 죽였네."
이와 똑같은 불행한 상황에서 다섯 번째 아이로 태어난 사람이 바로 베토벤이었다.

우리의 삶의 방법은 환경에 좌우되지 않고, 환경에 대한 태도에 따라 결정된다. 환경이나 일이 우리의 인생을 채색할 수는 있겠지만, 그 색의 선택권은 오직 우리에게 있다. 포기하는 것을 좋아하는 사람만이 환경을 탓한다.

높은 산에서 굽어지지 않는 나무는
꺾이기 마련이다

무릎을 꿇고 비석을 다듬는 석공이 있었다. 석공은 땀을 흘리며 비석을 깎고 다듬었다. 그리고 나중에 그 비석에 명문을 각인했다.

그 과정을 한 정치인이 바라보고 있었다. 그는 작업을 마무리 짓던 석공에게 다가갔다.

"나도 돌같이 단단한 사람들의 마음을 당신처럼 유연하게 다듬는 기술이 있었으면 좋겠소. 그리고 돌에 명문이 새겨지듯 사람들의 마음과 역사에 내 자신이 새겨졌으면 좋겠소."

그러자 석공이 대답했다.

"선생님도 저처럼 무릎 꿇고 일한다면 가능한 일입니다."

지위가 올라가면 올라갈수록 겸손해져야 한다. 자신은 스스로 바라볼수록 왜소해지는 법이다. 낮아지고 겸손하라. 이것이 지혜의 첫걸음이다. 높은 곳의 냇물이 강을 만나고 바다로 나아가려면 몸을 낮추지 않으면 안 된다.

스스로
뽐내지 말라

옛날, 어떤 왕이 날마다 여러 장식이 주렁주렁 달린 눈부신 의복을 입고 거울 앞에서 자신의 자랑스러운 모습을 보며 뽐냈다. 백성들은 내팽개치고 왕은 자기만을 생각했다.

어느 날 시종이 거울을 치워버렸다. 왕은 거울을 보러 왔다가 거울이 있던 자리에 있던 창문을 통해 바깥세상을 보게 되었다. 거리를 오가는 사람들은 지치고 굶주린 모습이었다. 창백한 여인과 굶주린 아이를 보았고, 먹을 것을 찾으며 쓰레기통을 뒤지는 아이들과 허리가 구부러진 노인들도 볼 수 있었다.

'내 백성들을 보고 다른 나라 왕들은 얼마나 비웃을까?'

왕은 자신의 잘못을 깨닫고 화려한 의복을 벗어버렸다. 그리고 백성들과 함께 나라를 다시 일으키기 위해 밤낮으로 땀을 흘렸다.

사사로운 일을 자랑하고 지식을 뽐내는 사람은 실제로는 겉멋이 들어 정작 알맹이가 없다. 이들의 본래의 모습은 초라하다 못해 사람들로부터 소외를 당한 경우가 많다. 아무도 알아주지 않는데 혼자만 왕이 되어 무슨 의미가 있겠는가. 스스로 뽐내지 말라.

시간 속에 마음이 쉴 수 있는
의자 하나 놓아두자

일본의 유명한 여류작가는 이름이 알려지기 전 조그마한 구멍가게를 차렸다. 남편의 수입만으로는 생활을 이어가기 힘들었기 때문이었다.
열심히 일한 덕분인지 가게는 순식간에 번창하게 되었다. 가게가 잘 될수록 그녀는 쉴 시간도 줄어들었다. 그런 아내가 안쓰러웠던 남편이 말했다.
"우리 가게가 이렇게 잘 되는 것은 좋지만 주위 다른 가게들이 우리 때문에 문을 닫게 되면 어쩌지?"
마음씨가 고왔던 그녀는 자신이 너무 욕심을 부렸구나 싶었다. 그녀는 가게에 들어오는 물건을 구멍가게 수준으로 줄였고, 자신의 가게에 없는 물건을 찾는 손님들은 다른 가게로 안내했다.
손님이 줄어들면서 그녀는 시간의 여유를 되찾았다. 그녀는 그동안 접어놓았던 글쓰기를 계속했고, 몇 년 후 '빙점'이라는 작품으로 최고의 작가라는 명성을 얻게 되었다.

우리는 바쁘게 살아간다. 열심히 사는 일과 바쁘게 사는 일은 많은 차이가 있다. 가치 있는 일을 하지 않으면서도 마음이 바쁜 사람들도 있기 때문이다. 꿀벌처럼 바쁜 사람은 슬퍼할 겨를도 없다. 게으르지 않은 여유 속에서 맛깔스런 인생을 맛볼 수 있다. 잠시 여유를 갖자.

줏대를 잃으면
신뢰에도 금이 간다

두 아이가 싸우는 모습을 본 아버지가 물었다.
"왜 그러니?"
첫째 아이가 자신의 주장을 말하자 아버지가 대답했다.
"네 말이 옳구나."
그러자 둘째 아이가 하소연하며 자신의 주장을 말했다. 아버지가 또 대답했다.
"맞아, 네 말이 옳구나."
옆에서 지켜보던 아내가 말했다.
"두 아이가 서로 반대되는 이야길 하는데 다 옳다고 하면 어떻게 해요. 한 사람은 틀려야죠."
그러자 남편이 대답했다.
"당신 말도 옳소."

줏대가 없는 사람은 당장은 마음이 편할지 모르지만 믿을 수 없는 사람으로 낙인찍히게 된다. 중요한 일을 결정하고, 중심을 잡고 있어야 할 위치에 있는 사람은 그 누구보다 주체성을 갖고 있어야 한다. 이쪽에 붙고 저쪽에 붙어 봐야 남는 것은 불신뿐이다.

습관이
사람을 만든다

한 젊은이가 스승을 찾아가 물었다.
"어떻게 하면 바른 생활을 할 수 있겠습니까?"
스승은 젊은이를 산으로 데리고 가서 갓 심어진 나무를 뽑아 보라고 했다.
나무는 금방 뽑혔다. 스승은 좀 깊게 심어진 나무를 뽑아 보라고 했다.
그 나무는 힘을 들여야 뽑혔다. 이번엔 오래된 나무를 뽑아 보라고 했다.
젊은이가 도저히 뽑을 수 없다고 하자 스승이 말했다.
"인간에게 습관이란 이런 것이지. 나쁜 습관이 오래 되면 버릴 수 없어.
바른 생활은 좋은 습관 길들이기부터 시작되는 거란다."

습관이란 정말로 무서운 것이다. 습관은 나무껍질에 새겨놓은 문자 같아서 그 나무가 자라남에 따라 확대된다. 한 가지 나쁜 버릇을 고치면 다른 버릇도 고쳐진다. 한 가지 나쁜 버릇은 열 가지 나쁜 버릇을 만들어낸다는 것을 잊지 말라. 나쁜 습관을 버리고 좋은 습관을 가져야 한다. 오늘 그릇된 한 가지 습관을 고친다는 것은 새롭고 강한 성격으로 출발한다는 것을 의미한다.

어머니에게서
사랑을 배워라

조류 가운데 모성애가 가장 뜨거운 것은 펠리컨이다. 어미 펠리컨은 새끼들에게 줄 먹이가 없으면 자신의 가슴살을 뜯어 먹인다. 병에 걸려 죽어가는 새끼에게 자신의 핏줄을 터뜨려 그 피를 입에 넣어준다. 어미 펠리컨은 자신은 죽어가면서도 새끼를 위해 기꺼이 목숨을 바친다.

어머니는 그 자체로 위대하다. 사랑의 표본이며 인간애의 상징이다. 어머니는 자식들을 위해 날마다 기도한다. 그 기도가 자식들에게는 잔소리로 들릴지도 모른다. 하지만 자식들이 태어나기 전부터 어머니는 하루도 쉬지 않고 기도해 왔고, 죽는 날까지도 자식들의 내일을 기도한다. 자식들이 아무리 노력해도 어머니의 마음에 근접하지 못하는 이유다.

얼마나 얻느냐보다
어떻게 사느냐가 중요하다

틈만 나면 책을 읽는 아이가 있었다. 이 아이는 하루에도 수십 권을 읽어댔다. 학교에서 뽑는 독서왕을 한 번도 놓치지 않았다. 하지만 이 아이가 공부를 썩 잘하는 것은 아니었다. 아는 것은 많아서 친구들에게 좋은 정보를 주기도 했지만 말을 논리적으로 잘하는 것도 아니었다.

반면에 독서왕처럼 많은 책을 읽는 것은 아니지만 한번 읽으면 그 책을 다 외울 정도로 푹 빠지는 아이가 있었다. 이 아이는 독서왕보다 훨씬 적은 책을 읽었지만 아는 것도 많았다. 무엇보다 마치 특정한 분야에 대해서 전문가처럼 보일 정도였다. 물론 이 아이는 반에서 1등을 놓쳐 본 적이 없다.

한 우물을 파라는 말은 옛말이 아니다. 고만고만한 재능이 여러 가지 있다고 해서 그 사람이 성공할 수 있을까? 그 정도의 능력은 누구나 갖고 있을 수 있다. 많은 경험보다는 깊이 있는 경험이 백배 낫다. 양보다는 질이다! 지금 자신이 하고 있는 일에 집중하자.

문제는 내가 어떤
친구가 될 수 있느냐다

불행하게도 열세 살 난 소년이 암 치료를 받게 되었다. 항암제 때문에 머리카락이 빠지기 시작했다. 소년은 병마와 싸우는 동안에도 학교에 다니고 싶어 했다. 하지만 머리카락 하나 없는 자신을 친구들이 어떻게 생각할까 걱정이 되었다.

소년은 조심스럽게 교실 문을 열었다.

'아이들이 놀리면 어떡하지?'

그런데 놀라운 일이 벌어졌다. 처음에는 교실을 잘못 찾아왔나 싶었다. 교실에 앉아 있는 아이들이 모두 머리를 짧게 깎고 있었기 때문이었다. 소년과 함께 온 선생님과 소년의 부모도 놀랄 수밖에 없었다. 소년의 친구들은 친구의 고통을 덜어주고 싶어 고민 끝에 모두 머리를 깎기로 했다고 한다. 혹시나 소년이 마음에 상처를 입지 않을까 해서.

참된 우정은 앞과 뒤가 같다. 앞은 장미로 보이고, 뒤는 가시로 보이는 것이 아니다. 그러므로 참다운 우정은 삶의 마지막 날까지 변하지 않는다. 중요한 것은 얼마나 많은 친구를 만나느냐가 아니다. 내가 어떤 친구가 될 수 있느냐가 참다운 우정을 가름한다.

어려운 문제에 집착하기보다
발상을 바꿔라

미국의 정원사가 농림부 장관에게 편지를 썼다.
"나는 민들레를 없애는 데 좋다는 방법은 다 시험해 봤고, 또 당신네들이 내놓은 간행물에 나오는 대로 다 해 봤소. 그런데 그것들은 아직도 없어지지 않고 있소."
답장이 왔다.
"만약 당신이 정말로 모든 방법을 다 동원해 봤는데도 여전히 민들레가 자라고 있다면, 이제 당신이 해야 할 일은 딱 한 가지밖에 남아 있지 않은 것 같군요. 그것들을 사랑하는 법을 배우십시오."

민들레는 가장 척박한 땅에서도 잘 자라는 풀이다. 어떤 정원사에게는 잡초였더라도 이 풀을 이용해 아름다운 정원을 만드는 정원사도 있을 것이다. 처음부터 해결할 수 없는 문제를 가지고 시간을 낭비하지 말라. 조금만 발상을 바꿔도 많은 문제들이 쉽게 풀리는 게 우리의 삶이다.

서로 다른 생각이
새로운 것을 만들어낸다

두 사람의 친구가 길을 가고 있었다. 그들이 가야 할 길은 멀고도 아득했다. 목적지까지 가려면 높은 산과 바다와 골짜기도 넘어야 했다.
한 친구가 말했다.
"갈 길이 아직도 멀지만 하늘을 바라보면서 가노라면 더 빨리 목적지에 닿을 수 있을 거야."
그러자 다른 친구가 말했다.
"길은 땅에 있어. 땅을 보면서 걸어가야 해. 하늘을 본다고 길이 보여?"
한 친구가 발끈하며 대답했다.
"하늘을 보면서 가야 할 방향을 알 수 있지. 나는 하늘을 보고 갈 거야."
그러자 다른 친구도 화를 내며 말했다.
"땅을 봐야 길을 찾을 수 있지. 나는 땅을 보면서 갈 테야."
이렇게 두 친구는 자신들의 생각만 주장하다 각자의 길로 가게 되었다.

아무리 친한 사이라도 서로의 생각을 인정할 줄 모르면 그 우정은 얇은 얼음과 같다. 금방이라도 쩍쩍 금이 갈 수 있는 것이다. 생각이 다르다는 것은 좋은 장점이다. 두 사람이 그것을 공유하면 큰 힘을 발휘할 수 있으니까. 친구란 볼트와 너트 같은 관계다.

우정은 신뢰가 만든
오래된 약속이다

어느 들판에 네 마리의 황소가 한가롭게 뛰놀고 있었다. 황소는 풀을 뜯을 때나 잠을 잘 때도 늘 함께 할 정도로 친했다. 위험이 닥치면 서로 힘을 합쳐 위기를 극복했다. 그런데 사자 한 마리가 황소들을 호시탐탐 노렸으나 네 마리를 한꺼번에 상대하기는 힘에 겨웠다.

어느 날 사자는 약간 뒤쳐져 풀을 뜯는 황소에게 다가가 귓속말로 속삭였다.

"다른 소들이 네 흉을 보더라."

사자는 다른 소들에게도 차례로 거짓말을 했다. 그때부터 네 마리의 황소들은 서로를 불신하기 시작했다. 황소들은 서로 세 친구가 자신을 왕따시킨다고 생각했다. 결국 황소들은 뿔뿔이 흩어졌고, 사자는 혼자 있는 황소를 공격해 푸짐한 식사를 할 수 있었다.

사자는 황소의 마음에 불신의 씨앗을 던져 공격을 가한 것이다.

언제라도 불신이 끼어들 수 있는 관계에서는 우정이 싹틀 수 없다. 우정을 가장한들 조건만 만들어지면 서로를 배신할 수 있기 때문이다. 불태우기 쉽기로는 오래된 장작이 가장 좋다. 마시는 데는 오래된 술, 신뢰하는 데는 오래된 친구, 읽는 데는 오래된 저서가 좋다라는 말이 있다. 오랫동안 쌓은 신뢰는 쉽게 무너지지 않기 때문이다.

지나친 욕심은
자신을 가두는 함정이다

아프리카 원주민들이 원숭이를 사냥하는 방법은 간단하다. 원주민들은 원숭이들이 다니는 길목의 나뭇가지에 열매를 넣은 조롱박을 매달아 놓는다. 그 조롱박은 원숭이의 손이 겨우 들어갈 만한 구멍이 뚫려 있다.
원숭이는 조롱박에 맛있는 열매가 들어 있는 것을 확인하고 그 속에 손을 집어넣는다. 그리고 한 움큼 열매를 움켜쥐고 손을 빼내려 한다. 하지만 조롱박의 구멍이 너무 작아서 원숭이는 손을 빼내지 못한다.
사냥꾼들이 오면 자신이 쥐고 있는 열매를 놓고 도망을 가야 하지만 원숭이는 끝까지 열매를 놓지 않는다. 결국 원숭이는 한 손을 조롱박에 넣은 채 사냥꾼들에게 붙잡힌다.

정당하게 일해서 필요한 만큼 얻는 것은 욕심이 아니다. 하지만 너무 욕심을 부리면 화를 당하기 마련이다. 그 욕심이 더 커지면 다른 사람에게도 피해를 끼친다. 사람들은 누구나 욕심을 가지고 있다. 그 욕심을 내가 감당할 수 있을 만큼만 채울 수 있도록 만드는 것이 공부며 지혜다.

재능에
날개를 달아라

조용한 섬나라 뉴질랜드. 그 곳에는 날지 못하는 새가 다섯 종류나 있다. 왜냐하면 그 섬에는 새의 천적이 되는 다른 동물들이 없기 때문이다. 심지어 뱀들도 독이 없다고 한다.
그래서 새들은 굳이 공중으로 날아오를 필요가 없게 되었고, 그저 나뭇가지나 땅에서 지내다보니 날개는 있어도 날지 못하는 새가 되었다는 것이다.

주관이 없는 사람은 노를 잃고 표류하는 난파선과 같다. 오로지 우연에 자신의 운명을 맡겨야 한다. 지금 뛰어난 재능을 가지고 있더라도 그것을 활용하고 발전시키지 않으면 금방 도태되고 만다. 날개를 잃고 나서 자신의 운명을 탓한다한들 무슨 소용이 있겠는가? 날지 못하는 새가 되기 전에 저 높은 공중으로 날아올라라. 나는 동안 그대는 나는 일이 얼마나 위대한 기술인지 깨닫게 될 것이다.

나만의 사과나무를 심어보자

시한부 삶을 사는 한 노인이 사과나무를 정성껏 심고 있었다. 이 모습을 바라보던 아들이 물었다.
"아버지, 이 나무가 언제쯤 열매를 맺을까요?"
노인은 조용히 웃으며 대답했다.
"아마 3년 정도 지나야겠지."
"아버지께서도 이 나무에서 사과를 따 드실 수 있겠지요?"
그러자 노인은 하늘을 바라보며 말했다.
"아들아, 저기 숲을 봐라. 누군가 나무를 심지 않았다면 과연 숲이 있었을까? 나는 선조들이 심어놓은 나무들에서 벌써 충분한 열매를 따 먹었어. 나 또한 그 선조 중 하나가 될 수 있다면 그것만으로 족하단다."

시간이 지나면 육체는 자연으로 돌아가지만, 그 정신은 남아서 후대로 계속해서 이어진다. 우리는 선조들로부터 물려받은 것들에 둘러싸여 살아가고 있다. 역사를 부정하는 것은 바로 나 자신을 부정하는 일이다. 오늘 내가 심은 나무 한 그루가 먼 훗날에는 빛나는 역사가 될 수도 있다. 나만의 사과나무를 심어보자!

따뜻한 삶을 원하거든
'내 탓이오'라고 말하라

부부 싸움이 그치지 않는 집이 있었다. 그런데 바로 옆집에는 대가족이 살고 있으면서도 다툼 한 번 없는 가족이 살고 있었다. 바로 조금 전까지 싸움을 했던 부부는 옆집을 방문했다.

"많은 식구들이 함께 살면서도 어떻게 싸움 한 번 하지 않고 살 수 있나요?"

그러자 옆집 사람이 웃음 띤 얼굴로 대답했다.

"우리 집에 싸움이 없는 것은 모두 나쁜 사람들만 모여 있기 때문입니다. 내가 방 한가운데 놓여 있던 물그릇을 모르고 차서 엎질러졌다고 합시다. 나는 '내가 부주의해서 그랬으니 잘못했다'고 말합니다. 그러면 아내는 '아니에요, 당신 잘못이 아니라 빨리 치우지 않은 제가 잘못이에요'하고 말합니다. 이때 어머니께서 '아니다, 얘들아. 나잇살이나 먹은 내가 옆에 있으면서도 그걸 그대로 보고만 있었으니까 내 잘못이다'라고 말합니다. 모두 자진해서 나쁜 사람이 되려고 하는 것입니다. 싸움을 하고 싶어도 할 수 없지 않겠습니까?"

자신의 책임을 다른 사람에게 돌릴 때 갈등이 일어난다. 자기 때문에 잘못된 일도 네 탓으로 돌리는 순간 싸움이 시작되는 것이다. 자신에게 잘못이 없더라도 내 탓이라 여기고 그 문제가 올바르게 해결되도록 함께 하는 사람이라면 가장 가슴 뿌듯한 행복을 느낄 수 있을 것이다.

지금 이 순간을
가장 인간답게 살자

어떤 가난한 사람이 있었다. 힘겹게 살아가던 그에게는 목표가 한 가지 있었다. 남들이 쉽게 입어보지 못하는 고급 외투를 사는 것이었다.
그는 그 외투를 사기 위해 철저하게 절약했다. 목이 말랐지만 음료수로 갈증을 달래지 않았다. 전기료를 아끼기 위해 다른 곳에서 오래 머물다 집에 들어가곤 했다. 심지어 구두 뒤축을 닳게 하지 않으려고 조심스럽게 걸어 다녔다.
마침내 그는 그렇게 소망하던 외투를 사게 되었다.
그런데 어느 날 그는 밤늦게 집에 돌아오다 강도를 만났다. 그는 가진 것이 없었으므로 외투를 빼앗기고 말았다. 그는 그날부터 실의의 나날을 보내다 결국 자살을 하고 말았다.

그대는 무엇을 위해 살아가는가? 미래를 위해 시간과 돈을 절약하며 살아가는 일은 당연하다. 하지만 오늘은 지나고 나면 다시는 오지 않는다. 오로지 미래에 묶여 오늘이라는 삶의 공간을 희생할 필요는 없다. 지금 이 순간을 가장 인간답게 살자!

마음의
부자가 되라

어느 날 러시아의 대문호 톨스토이가 길을 걷고 있었다. 그때 한 걸인이 톨스토이에게 손을 내밀었다.
"한 푼만 주십시오."
톨스토이는 주머니에 손을 넣어 보았다. 그러나 주머니에는 단 한 푼의 동전도 없었다. 톨스토이는 안타까운 표정으로 걸인의 손을 꼬옥 쥐며 속삭였다.
"형제여, 정말 미안하오. 지금 내가 가진 돈이 한 푼도 없구려."
그러자 걸인의 눈에는 눈물이 고이기 시작했다. 도움을 받지 못한 슬픔이 아니라 톨스토이에 대한 고마움의 눈물이었다.
"저는 선생님께 돈보다 훨씬 소중한 것을 받았어요. 선생님은 저를 '형제'라고 불러 주었습니다. 그리고 선생님의 손에서 따뜻한 사랑을 느낍니다. 이것은 돈과 바꿀 수 없는 것입니다."

지금 당장 그대가 빈털터리라 하더라도 그대가 사람들에게 나누어줄 수 있는 것은 많다. 그대는 그대 자신을 가졌고, 그대가 가진 따뜻한 마음은 나누면 나눌수록 더 커지는 무한대한 것이다. 마음이 가난한 부자는 오히려 나눌 것이 없다. 마음이 부자인 사람이 진정한 부자가 될 수 있다.

더불어 누려야
행복이 커지는 법이다

그는 가난했지만 아이 때문에 우유를 배달시켰다. 그런데 며칠 동안 잘 들어오던 우유가 어느 날부터인가 사라지곤 했다. 그럴 때는 배달회사에 연락해서 해결할 수 있었지만, 그것도 두세 번이었다. 배달원의 실수가 아닌 것은 분명했다.

그는 고민 끝에 복수하기로 마음을 먹었다. 그날도 배달원이 대문에 매달린 주머니에 우유를 넣는 기척이 났다. 그는 재빨리 그 우유를 꺼내오고 미리 준비해 놓은 오물을 넣은 우유통을 대신 넣어놓았다.

얼마나 시간이 지났을까, 대문 쪽에서 바스락거리는 소리가 나더니 곧이어 신음소리가 들렸다.

"하하, 드디어 걸려들었군!"

그는 통쾌하게 웃으며 쏜살같이 밖으로 나가보았다. 한 아이가 배를 움켜쥐고 바닥에서 뒹굴고 있었다. 그 아이는 며칠은 굶은 듯 깡말라 있었고, 몸도 여러 군데 장애가 있어 보였다.

그는 더 이상 웃을 수 없었다.

더불어 사는 사회다. 나만 정직하게 산다고 행복해지는 것은 아니다. 정직하지 않은 사람들을 올바른 방법으로 이끌 수 있어야 더불어 행복한 것이다. 사람은 조그마한 은혜에도 기뻐하며 보답하려고 한다. 친절을 심는 자는 사랑을 추수한다. 감사할 줄 아는 마음에 즐거움을 심는 것은 절대로 헛수고가 아니다. 다른 사람에게 무엇인가를 줄 수 있다는 사실만으로도 우리는 행복해지기 때문이다.

명작은 한순간에
만들어지지 않는다

레오나르도 다빈치에게 한 귀족이 찾아왔다.
"내 아내의 초상화를 그려 주십시오. 1개월이면 되겠습니까?"
"안 됩니다."
"그러면 1년이면 되겠습니까?"
"그것은 내게 맡겨 주시지요."
"좋습니다. 기다리겠습니다."
다빈치는 무려 4년이나 걸려 초상화를 완성했다. 그는 작품을 그 귀족에게 건네면서 말했다.
"이 그림은 아직도 미완성입니다."
이 그림이 바로 유명한 '모나리자'라는 작품이었다.

명작은 어느 순간에 만들어지는 것이 아니다. 명작은 완성이 없다. 돈 때문에, 명예 때문에 조급하게 서두르면 명작이 나올 수 없다. 우리의 삶도 마찬가지다. 명작의 삶을 살고자 한다면 서두르지 말고 하나의 목적에 최선을 다해야 한다.

실현 불가능한 소망은
일찍 버릴수록 좋다

어떤 젊은이가 호두나무 밑에 누워 이런 생각을 했다.
'신도 머리가 좋지 않군. 기왕이면 이 나무에 달린 호도 열매를 수박덩이만큼 크게 만들었다면 얼마나 좋을까? 그렇다면 호도 한 개만 가져도 그 고소한 맛을 마음껏 즐기고 실컷 먹을 수 있을 것 아닌가?'
젊은이는 곧 스르르 잠이 들어버렸다. 그러다 무엇인가가 머리에 떨어졌고, 그는 놀라서 벌떡 일어났다. 바람이 가지를 흔들자 호도 한 개가 떨어지면서 그의 이마를 때린 것이었다. 이마를 만져보니 조그마한 혹이 부풀어 올라 있었다.
젊은이는 한숨을 내쉬며 생각했다.
'휴, 다행이네. 이 호도가 수박만큼 컸다면 나는 어떻게 되었을까?'

인간이 자연에 적응해 나가야지 자연이 인간에 적응할 수는 없다. 자연의 법칙을 거스르면 거스를수록 인간은 더 큰 대가를 치러야 한다. 보다 더 현실적으로 거듭나라. 현실성 있는 일을 하는 것이 그대에게는 자연스러운 일이다.

무지를 내세우면
많은 사람들에게 피해가 간다

어떤 연주회에서 오케스트라가 '베토벤의 서곡'을 연주할 때였다. 그 연주회에서는 트럼펫 연주자가 이층 관중석 가운데에서 솔로연주를 하도록 돼 있었다.

연주가 절정에 이르고 그 연주자 차례가 되었다. 지휘자는 뒤돌아서서 이층에 있는 트럼펫 연주자를 향해 신호를 보냈다. 그러나 트럼펫 소리는 들리지 않았다. 지휘자도 당황해 했고 관중들도 웅성거렸다. 그 대신 2층 객석에서 실랑이가 벌어지고 있었다.

그들은 트럼펫 연주자와 한 관객이었다. 그 관객은 감상에 몰두해 있던 중 자기 옆에 있던 남자가 갑자기 일어서서 트럼펫을 불려고 하자 그를 저지했다.

그러자 트럼펫 연주자가 화를 내며 소리쳤다.

"당신 왜 그러시오?"

"누가 할 소린데, 당신 미친 사람 아냐? 왜 연주회를 방해하느냐 말이오!"

결국 한 관객의 무지로 인해 그 연주회는 실패작이 되고 말았다.

조금 아는 바가 있다 해서 스스로 뽐내며 남을 깔본다면 장님이 촛불을 들고 걷는 것 같아 남은 비춰 주지만 자신은 밝히지 못한다. 한 순간이라도 자신의 능력을 오판하거나 너무 과신하는 사람은 자신의 삶을 망칠 가능성이 높다.

삶 그 자체를
즐거움으로 받아들여라

선생님이던 그는 갑자기 아이들을 가르치는 일에 회의감이 들었다.
"이렇게 인생을 살아서 뭘 하려고……."
그는 점점 더 의욕을 잃어갔고, 마침내 사표를 내기로 마음먹었다.
그러던 어느 날, 그에게 한 통의 편지가 날아왔다. 전쟁터에 나간 제자로부터 온 편지였다.
"선생님, 저는 전투에서 치명상을 당해 지금 죽음을 앞두고 있습니다. 하지만 두렵지 않습니다. 제가 가장 부끄러운 시절을 보낼 때 저에게 큰 가르침을 주신 선생님을 위해 죽는 거니까요."
편지를 다 읽은 그는 제자의 집으로 달려갔다. 제자의 집에는 벌써 전사통지서가 와 있었다. 그는 눈물을 떨구며 스승의 길을 포기하려 했던 자신을 반성했다.

사람들은 언젠가는 자신이 가는 길에 의문을 두게 된다. 때로는 커다란 상실감으로 인해 우울해진다. 모든 것을 버리고 낯선 세계로 떠나고 싶다. 하지만 그런다고 텅 빈 마음이 채워지는 것은 아니다. 자신의 삶에 회의감이 든다면 도피하지 말고 더 과감하게 맞서야 한다. 무료한 일을 즐겁게 만들기 위해 노력해야 한다. 삶을 즐기는 동안 인생의 의미는 보다 선명해진다.

욕망이 줄어들면
행복은 늘어난다

제법 넓은 농토를 소유한 농사꾼이 있었다. 그는 항상 더 많은 농토를 얻고 싶어 했다. 어느 날 그에게 귀가 솔깃한 소문이 들려 왔다. 어느 정도 돈만 내면 갖고 싶은 만큼 넓은 땅을 받을 수 있는 초원이 있다는 것이었다.

농사꾼은 전 재산을 팔아 돈을 마련하고 그곳으로 떠났다. 초원을 관리하는 추장이 그에게 말했다.

"당신은 하루 종일 걸어다닌 만큼의 토지를 소유할 수 있소. 단, 해가 지기 전에 출발점으로 돌아와야 합니다. 이 약속을 지키지 않으면 단 한 평의 땅도 소유할 수 없습니다."

농사꾼은 속으로 되뇌며 돈을 지불하고 마라톤 선수처럼 초원을 달렸다.

'해가 지기 전에만……'

그는 많은 땅을 차지할 욕심에 단 한 순간도 쉬지 않고 뛰었다. 해가 질 무렵 그는 몹시 지친 모습으로 출발점으로 돌아왔다. 하지만 그는 갑자기 과로로 쓰러져 죽고 말았다. 그는 마지막 순간까지 중얼거렸다.

"저게 다 내 땅……"

욕망을 채우기 위해 잃어버린 것들이 얼마나 많은가 생각해 보라. 지금 일어나는 욕망을 억누르고 마음의 평온을 갖으려고 노력하라. 욕망이란 처음에는 눈에 보이지 않을 정도로 느리게 진행되다가 일단 그 목적을 달성하고 나면 걷잡을 수 없이 파멸을 향해 달려가는 법이다.

마음을 낮추는 것만으로도
그대는 지혜롭다

소크라테스의 제자가 신에게 물었다.
"신이시여! 이 세상에 소크라테스보다 더 지혜 있는 사람이 또 어디 있습니까?"
신이 대답했다.
"소크라테스보다 더 지혜로운 사람은 없다."
제자로부터 이 말을 전해들은 소크라테스는 무척 놀랐다.
'나는 이 세상에서 가장 지혜 없는 사람이 아니었나?'
소크라테스는 많은 학자와 정치가들을 만나 물어보았다.
"이 세상에서 가장 귀중한 일이 무엇일까요?"
그들은 저마다 자신들이 알고 있는 것을 답으로 내놓았다. 그러면서 그들은 가장 지혜 있는 사람처럼 말했다.
소크라테스는 비로소 신이 왜 자신에게 가장 지혜가 있다고 했는지 깨닫게 되었다.
'내가 무지하다는 사실을 나는 알고 있으니……'
그러나 지혜 있는 척하고 있는 많은 사람들은 자신이 무지하다는 사실조차 깨닫지 못했던 것이다.

가장 현명한 사람이란 스스로를 지혜롭다고 전혀 생각하지 않는 사람이다. 진정한 지혜는 모든 것에 대한 지식이 아니라 살아가는 데 가장 필요한 지식과 불필요한 지식과 알 필요가 없는 지식을 구별하는 것이다.

5

성공을 여는
보석상자

아침이 찾아오지 않는 밤은 없다

두 친구가 불덩이 같은 태양이 내리쬐는 사막에서 길을 잃고 헤매고 있었다. 두 친구는 서로를 위로하며 여행을 계속했다.
"저 언덕만 넘으면 오아시스처럼 멋진 곳이 나타나겠지."
그러나 눈앞에 펼쳐진 것은 무덤뿐이었다.
한 친구가 절망하며 말했다.
"이제야 올 것이 왔군. 이 사람들처럼 우리도 지쳐서 죽을 거야." 하지만 다른 친구가 말했다.
"여기에 무덤이 있다는 것은 멀지 않은 곳에 마을이 있다는 뜻이겠지. 힘을 내자고!"
정말로 조금 더 가니 마을이 나타났고, 그들은 무사히 여행을 마칠 수 있었다.

생명이 있는 한 희망이 있다. 희망은 모든 일을 할 수 있다고 가르치고, 절망은 모든 일을 하기 어렵다고 가르친다. 절망은 사물을 부정적으로 보도록 유도하지만, 희망은 사물을 긍정적으로 보도록 유도한다. 절망을 친구로 삼을 것인가, 아니면 희망을 친구로 삼을 것인가? 그대는 어느 쪽을 선택할 것인가?

그럼에도 불구하고
다시 일어서라

어느 조각가가 작품을 만들다 갑작스런 사고로 오른손을 잃게 되었다. 그 조각가에게 오른손은 생명과도 같은 것이었다. 그는 잠시 절망했지만 작품에 대한 애정을 꺾을 수는 없었다.
'내게는 아직 왼손이 남아 있다.'
그는 왼손만으로 조각을 하기 시작했다. 처음에는 마음대로 되지 않아 애를 먹었고, 몇 배나 되는 시간이 필요했다. 하지만 그는 조각상을 완성하게 되었고, 그것에 특별한 이름을 붙였다.
'그럼에도 불구하고'라고.

러시아의 소설가 안톤 체홉은 성적이 나빠 두 번이나 낙제를 했다. 후일 세계적인 작가가 된 그가 국어 때문에 낙제를 했던 적도 있다. 그리고 과학자로 유명한 아인슈타인은 다섯 살이 될 때까지 지진아였다. 처칠도 낙제를 했던 학생이었고 링컨도 대통령이 되기 전까지 사회의 낙오자로서 수많은 좌절을 겪어야만 했다. 좌절을 겪은 사람만이 참된 승리를 맛볼 수 있다.

사람은 누구나
위대해질 수 있다

세계적으로 유명한 첼리스트인 파블로 카잘스는 예술가로서 세계적인 명성을 얻은 후에도 여전히 날마다 6시간씩 연습을 했다. 어떤 사람이 그에게 왜 그렇게 애를 쓰느냐고 물었다. 그의 대답은 간단했다.
"나는 진보하고 있다고 생각하기 때문이오."

위대하게 될 기회는 우리 모두의 내부에 있으므로 다른 곳에서 찾을 수는 없다. 당신은 당신이 가지고 있는 것으로 최선을 다하라. 그렇게 한다면 당신은 언젠가는 꼭 성공할 것이고 보람을 느낄 것이다.

지식만으로는
경험을 이기지 못한다

아들이 아끼던 시계를 잃어버리고 어쩔 줄 몰라 했다. 가게에서 일하던 아버지가 자상한 목소리로 물었다.
"어디서 잃어버렸는데?"
"가게 안에서요."
"잘 찾아봤어?"
"네."
아들은 울상이 되어 금방이라도 울음을 터뜨릴 기세였다. 아버지는 아들을 타일렀다.
"걱정 말거라. 아버지가 꼭 찾아주마."
그런데 아버지는 시계를 찾지는 않고 가게 안에서 소리 나는 물건들을 찾아 모두 정지시켜 놓는 것이었다. 아버지가 눈만 깜박거리고 있는 아들에게 말했다.
"아들아, 조용히 귀를 기울여 보렴."
그러자 정말 '째깍째깍'거리는 작은 소리가 들려 왔다. 시계는 가게 안에 진열된 물건들 사이에 놓여 있었다.

생활 속의 지혜는 경험에서 나온다. 경험은 자신이 알고 있는 식을 빛나게 해 주는 역할을 한다. 뒤에 가는 사람은 먼저 간 사람의 경험을 이용하여, 같은 실패와 시간낭비를 되풀이하지 않고 그것을 넘어서 한 걸음 더 나아가야 한다.

풀리지 않는 일은
전문가의 손을 빌려라

오래되고 위풍당당한 성에 아무도 연주할 수 없는 악기가 놓여 있었다. 그 구조는 매우 복잡했고 오랫동안 사용하지 않아 먼지가 끼어 있었으며, 습기와 변덕스러운 날씨 때문에 현들은 모두 제 소리를 잃어버렸다. 여러 수리공이 와서 그것을 고치려 했으나 성공하지 못했다. 어느 날, 그 성에 바로 그 악기를 만든 사람이 찾아왔다. 그는 무엇이 잘못되었으며, 그것을 고치기 위해서는 무엇이 필요한가를 보고서 세심한 기술로 뒤틀린 것들을 바로잡고, 음이 맞지 않는 현들을 잘 맞추었다. 그렇게 하자 그 악기에서는 매우 우아한 소리가 흘러나왔다.

자신이 제대로 모르는 분야의 일이면서도 자신이 직접 하는 쪽이 비용도 줄이고 이익일 것 같다고 생각하겠지만 그리 오래되지 않아 결국 자신에게 손해로 돌아온다. 다른 사람이 더 잘할 수 있는 일들은 다른 사람에게 맡기는 것이 유익하다.

어리석은 배움은
독이 될 수 있다

지금 우리가 살고 있는 이 시대는 취업대란의 시대이다. 그리고 직장을 잡은 사람들도 그 자리가 불안하여 자격증을 따거나 공부에 매달리는 사람들이 많다.
그러나 그 속내를 들여다보면 창의적인 생각으로 미래를 준비하는 사람보다도 남이 하니까 불안감에 남을 따라 하는 경우가 많다.
단지 불안감에 남을 따라 자격증을 따려고 공부를 하는 것은 자신에게 큰 손해가 될 수도 있다. 그런 행위는 시간과 돈을 낭비하면서 그저 자기위안을 삼는 경우에 그치는 경우가 많다. 이런 배움은 도리어 자신에게 치명적인 독이 될 수 있다.

삶의 불안감을 해소하는 것은 당신이 무작정 자격증과 공부에만 매달린다고 해결되는 것은 아니다. 자신에게 쓸모없는 자격증과 공부에 매달려 시간과 돈을 낭비하게 된다면 지금 하고 있는 일에도 큰 해가 될 수 있다. 자신의 참다운 미래를 준비하려면 남들이 하니까 쫓아하는 것이 아니라 자신의 성격, 상황, 능력 등을 고려해서 계획을 세워야 한다.

당신은 땀으로
보물을 만드는 연금술사다

적과 흑을 쓴 이탈리아의 대문호 스탕달은 이런 말을 했다.
"산 속에서 보물을 찾기 전에 먼저 자기 두 팔 안에 있는 보물을 충분히 이용하도록 하자. 자기 두 손이 부지런하다면 그 속에서 많은 것이 샘솟듯 솟아나올 것이다. 인간은 누구나 자기 두 손에 비상한 능력을 보유하고 있다. 자기의 능력을 제 때 발굴하여 나름대로 유용하게 이용하는 사람이 되자."

스탕달의 말처럼 보물은 어디 먼데 있는 것이 아니다. 자신이 땀을 흘리는 그 곳에 보물이 숨겨져 있다. 그러나 이런 사실을 깨닫지 못하고 어디 먼 데서 헛된 보물만 찾아 삶을 낭비하는 사람은 결국 자신이 지니고 있는 보물도 잃어버리고 만다. 자신의 참된 보물을 찾고 싶거든 손수 땀을 흘려라, 자신의 땀 속에는 삶의 빛나는 보물이 숨겨져 있다.

위기는
다시 오지 않는 기회다

술주정꾼 아버지 밑에서 자란 두 형제 가운데 하나는 술주정꾼이 되고, 다른 하나는 성자가 되었다. 아버지처럼 술주정꾼이 된 아들에게 물었다.
"왜 술주정꾼이 되었습니까?"
그러자 주정꾼이 된 아들은 대답했다.
"그럴 수밖에 없지 않습니까?"
목사가 된 아들에게 물었다.
"왜 당신은 아버지가 술 마시는 것을 보고도 술을 배우지 않았습니까?"
목사가 된 아들도 대답했다.
"그럴 수밖에 없지 않습니까?"
위기라는 말은 위태할 위(危)와 기회 기(機)자로 이루어졌는데, 이는 위기란 나쁜 것만이 아니라 발전과 쇄신의 기회가 된다는 뜻이다.

삶을 살아가면서 어떠한 어려운 상황에 처하더라도 자신이 포기하지 않고 최선을 다하여 상황에 맞는 기지를 발휘한다면 위기를 벗어날 수 있다. 위기 상황에서도 집중력을 발휘하고 현명하게 처신한다면 그 위기를 충분히 극복할 수 있다. 위대하고 성공한 사람들은 위기적인 상황에서 그 상황을 자신에게 유리하게 활용하여 위기를 기회로 활용했던 사람들이다.

양초의 심지에 불을 붙이듯
신념에 불꽃을 붙여라

어떤 농부가 쳐놓은 그물에 두 떼의 새들이 갇히고 말았다. 그런데 한 떼의 새들은 '자, 우리가 힘을 모아 날아올라 그물을 버드나무 가지에 걸면 살 수 있을 거야!'하며 동시에 솟구쳤다. 그러자 '연약해 보이는 날갯짓'이 큰 힘을 발휘해 조금 높은 버드나무 가지에 그물을 걸었고 새들은 자유를 얻을 수 있었다.

그러나 한 떼의 다른 새들은 '우린 꼼짝없이 죽었구나'하며 자포자기한 채 달아난 새들을 부러워하고 있었다. 그러는 사이에 농부는 그물로 다가오고 있었다.

이 세상을 사는 사람들은 신념과 더불어 젊어지고 두려움과 의심으로 인하여 늙어간다. 스스로 자신이 옳다고 믿는 사람은 그 어떤 사람보다 강해지고, 스스로 자신을 의심하는 사람은 이 세상에서 털끝만한 힘도 갖지 못하게 된다. 신념이 있는 사람들은 그 어떤 물리력보다 더 강한 힘을 발휘하게 되고 신념이 없는 사람들은 세상의 그 어떤 미미한 존재보다도 힘을 가지지 못하게 된다. 신념이란 바로 당신의 강력한 힘이다.

최선을 다해
일을 하는 태도가 중요하다

같은 나이의 기술자 두 사람이 한 회사에 근무하고 있었다. 그 둘은 집을 짓는 기술자였다. 이제 그 두 사람은 은퇴를 앞두고 있었다. 사장은 두 사람에게 마지막 일을 지시했다.
"재료를 마음껏 써서 좋은 집을 지어보세요. 이게 여러분이 회사를 은퇴하기 전에 할 마지막 일입니다."
한 사람은 성실한 사람이었던지라 그는 은퇴가 얼마 남지 않았지만 혼신의 힘을 다해 집을 지었다. 그런데 다른 한 사람은 불만이었다. 은퇴도 며칠 남지 않았는데 또 일을 시킨다는 생각이 들어 대충대충 지었다. 이제 은퇴일이 되었다. 사장은 그 두 사람에게 말했다.
"지금까지 우리 회사에서 일한 고마움으로 당신들이 마지막으로 지은 집을 선물로 주겠네."
성실한 사람은 좋은 집을 가졌으나 대충 집을 지은 사람은 겉만 번지르하고 별로 가치가 없는 집을 가지게 되었다.

아무리 사소한 태도라도 평소에 무시해 버리면, 정말로 그 자세가 필요할 때는 엉뚱한 태도를 보이게 된다. 따라서 평소에 어떤 일을 하더라도 최선을 다해 그 일을 하는 태도가 중요하다.

아집은 마음을
절룩거리는 일이다

미국 워싱턴의 국회의사당에서 펜실베이니아로 향하는 중앙보도에 계단이 놓여 있다. 그런데 이 계단에서 넘어지는 사람이 유난히 많았다. 이 계단은 옴스테드라는 유명한 건축가가 설계한 것이었다. 그의 실력과 성실성은 건축계에 널리 알려져 있었다.
한번은 층계에서 넘어져 부상을 당한 시민이 옴스테드에게 강력히 항의했다. 옴스테드는 여유 있게 웃으며 해명했다.
"계단을 설계하고 건축하는 데 많은 시간이 걸렸습니다. 저는 집에다 나무 계단을 만들어놓고 계속 오르내렸습니다. 완전함을 느꼈을 때 비로소 그 모형으로 계단을 만들었답니다. 하자가 있을 수 없어요. 앞으로는 좀 조심하세요."
그러자 옴스테드를 눈여겨보고 있던 그 시민이 말했다.
"옴스테드씨. 당신의 한쪽 다리가 유난히 짧군요."
그 말에 옴스테드도 깜짝 놀랐다. 부상자의 지적은 사실이었다. 그는 자신의 보폭과 보행을 기준으로 계단을 만든 것이었다.

자기 생각만 옳다고 고집하는 사람은 다른 사람의 의견을 제대로 받아들일 수 없다. 어떤 일에 대하여 자기 생각을 주장하기 전에 다른 사람의 말을 들어보라. 지식이 좁은 사람은 자기의 좁은 생각에 얽매여 아집에 사로잡히기 쉽게 된다. 잘못된 지식에서 비롯된 고집은 우리의 마음을 절름발이로 만들 뿐이다.

사람은 믿음을 잃었을 때
가장 비참해진다

어느 날 아침, 남자는 아내에게 불평을 늘어놓았다.
"왜 이제 깨워? 믿을 사람 하나도 없군."
아내는 어이없다는 듯 잔소리를 했다.
"오늘은 일요일이잖아요. 내가 저런 인간을 믿고 살다니."
남자는 머쓱한 기분에 주섬주섬 옷을 챙겨 입었다. 창밖을 보니 세상은 하얀 눈에 뒤덮여 있었다. 그 눈 위에 새떼가 모여 있었다.
'먹이를 찾는 모양이군.'
남자는 새들에게 줄 먹이를 한줌 집어 들고 밖으로 나갔다. 그리고 새들 가까이 다가가 먹이를 놓고 기다렸다. 그러나 새들은 눈을 멀뚱멀뚱 뜨고 멀리 앉아서 추위와 배고픔에 떨면서도 가까이 오지 않았다. 새들이 그를 두려워하는 것 같았다. 남자는 갑자기 뒤통수를 맞는 기분이었다.
'나는 신뢰받을 수 있는 사람인가?'

사람을 신뢰할 만한 사람으로 만드는 유일한 길은 그를 신용하는 것이다. 그를 신뢰하지 못할 사람으로 만드는 가장 확실한 길은 그를 불신하여 그대의 불신을 그에게 보여 주는 것이다. 가정이든 사회의 한 조직이든 거기에 불신으로 인해 불평불만이 넘쳐나면 그 조직의 힘은 급속하게 약화되고 결속력이 떨어지는 결과를 가져온다.

불가능하다는
선입관을 버려라

이 세상을 살면서 위기에 빠졌을 때 그 사람에 대하여 잘 알 수가 있게 된다. 사람들은 위기에 처하면, 자기 자신도 모르게 자기 자신의 진짜 모습을 보인다. 어떤 위기가 닥쳤을 때 그 위기에 대응하는 방법을 몰라 허둥거리다가는 결국 항로 잃은 배처럼 난파하게 된다. 세상을 살아가면서 평소에 위기에 대응하는 능력을 길러야 한다. 평소에 위기에 대응하는 능력을 길렀다면 비록 실패를 했다해도 다시 일할 의욕이 있으면 재기에 성공할 수가 있다. 고난에 빠졌을 때 좌절하거나 포기하지 말고 그 고난을 최대의 스승으로 하여 위기를 타개하라. 세상을 살면서 어떤 역경이 닥쳤을 때 그것은 고난인 동시에 하나의 기회인 것을 알아야 한다. 기회는 언제나 고난과 같이 동시에 온다. 고난에 빠져보지 못한 사람들에게는 기회가 오지 않는다. 그리고 만약 기회가 왔다 하더라도 그것이 기회인지 잘 모른다. 고난에 빠졌을 때 그 고난을, 자기를 바꿀 수 있는 좋은 기회로 생각하라.

자신은 할 수 없다고 생각하고 있는 동안은 사실은 그것을 하기 싫다고 다짐하고 있는 것이다. 그러므로 그것은 실행되지 않는 것이다. - 스피노자

성공하려면
지금 일을 시작하라

성공은 그냥 찾아오지 않는다. 일의 부산물이 바로 성공이다. 일을 하지 않는 사람은 성공을 바라서는 안 된다. 어떤 일을 열심히 하다보면 성공은 찾아오는 것이다. 성공을 바라면서도 어떤 일도 하지 않는 사람은 참으로 어리석은 사람이다. 마치 감나무 밑에서 밤이 떨어지기를 기다리는 사람처럼… 진정으로 성공을 바란다면 지금이라도 늦지 않았다. 어떤 일에 대하여 열정을 가지고 지금 일을 시작하라. 그러다보면 성공은 찾아올 것이다. 성공은 일의 부산물일 뿐이다.

사람이 자신이 하는 일에 열중할 때 행복은 자연히 따라온다. 무슨 일이든 지금 하고 있는 일에 몰두하라. 그것이 위대한 일인지 아닌지는 생각하지 말고, 방을 청소할 때는 완전히 청소에 몰두하고, 요리할 때는 거기에만 몰두하라. - 라즈니쉬

자신의 잘못을
인정하기는 매우 어렵다

한 운전자가 있었다. 그는 좀 무신경한 사람이었다. 그의 거래처 중에 시내 한 복판에 있는 회사가 있었다. 오늘도 그는 그 거래처에 들러야했다.
"또 잘못 들어왔네."
얼마 전에 좌회전이 금지된 곳이지만 그는 습관적으로 좌회전이 되는지 알고 차를 몰고 왔다. 그러나 좌회전이 되지 않아 복잡하고 길이 막히는 먼 길을 돌아와야 했다. 그런데 그 실수가 지금 한 번이 아니라 때때로 몇 번 인가 반복을 했다. 거래처에 시간이 늦어 이 말을 했지만 전에도 한 번 그런 적이 있었던지라 별로 믿지 않는 분위기였다. 그는 정말 바보 같은 실수의 반복으로 인하여 시간을 낭비하는 것은 물론 신용에도 금이 갔고 연료의 소비도 더 많게 되었다. 그것보다도 그 일로 인한 스트레스가 그를 괴롭혔다. 조금만 주의를 하면 이런 일이 반복되지 않을 텐데 그 사람은 오늘도 실수를 반복하고 있었다.

남의 실수를 찾아내기는 쉽지만 자신의 잘못을 인정하기는 매우 어렵다. 세상 사람들은 남의 실수에 대해서 이러니저러니 말을 하면서 자기의 잘못은 감추곤 한다. 세상 사람들은 남의 험담하기를 좋아한다. 남의 행동 중에서 잘못한 것에만 시선을 던지고 있는 것이다. 그러나 그러는 사이에 그 사람은 이기심에 불타며, 그 이기심 때문에 잘잘못을 헤아릴 생각을 갖지 못하고, 따라서 자신이 꿈꾸던 이상형의 위치에서 점점 멀어질 뿐이다. 이런 일반적인 흐름에서 탈피하자. 그런 부류에 속하는 인간이 되지 말자.

관심을 갖게 하고 싶거든
다른 사람에게 관심을 표시하라

유럽에 한 장군이 있었다. 그는 전세계적으로 유명한 장군으로, 유럽 곳곳을 점령하였다. 그 장군은 적들의 기습에 대비하여 보초병들을 많이 세우고 늘 경계하기를 중요한 일과로 삼았다. 그러던 어느 날, 하루는 아주 늦은 시간에 시찰을 나왔다.

그런데 한 병사가 낮에 있던 전투에 지쳤는지 총을 옆에 놓고 졸고 있었다. 그 당시에는 전시상황이었기에 장군이 지시만 한다면 졸고 있는 병사는 사형을 당할 수도 있었다. 그러나 그 장군은 병사를 깨워 징계하지 않고 오히려 손수 그 병사가 놓아 둔 총을 들고 보초를 섰다. 한참 후에 깨어난 병사는 보초를 서고 있는 사람이 다름 아닌 장군임을 알고 겁을 먹고 덜덜 떨었다. 병사는 장군에게 용서를 빌었다. 장군은 이런 병사에게 위로의 말을 건넸다.

"낮에 있었던 전투로 인해 얼마나 피곤한가? 잠깐 동안만이라도 내가 대신 보초를 서 주지."

이때 그 병사는 너무나 감격스러워서 일생동안 그를 위해서 충성했다. 그 장군의 이름은 나폴레옹이다. 나폴레옹은 일개 병사에게도 이런 관심을 가짐으로써 위대한 업적을 남길 수 있었다.

사람이 사업적으로나 혹은 인간적으로 실패하는 많은 원인은 실패하면 이라는 자신의 모순된 생각에 몰두하고 있기 때문이다. 자기 자신은 이웃 사람들에 대해서 무시하고, 친절한 일을 한 일이 없으면서, 이웃 사람들이 자신을 좋아하지 않는다고 불평한다. 남이 당신에게 관심을 갖게 하고 싶거든, 당신 자신의 눈과 귀를 닫지만 말고 다른 사람에게 관심을 표시하라. 이 점을 이해하지 않으면 아무리 재간이 있고 능력이 있더라도 남과 사이좋게 지내기는 불가능하다.

고통은
사람을 강하게 만든다

포인세티아라는 화초가 있다. 이 꽃의 색깔은 유난히 붉다. 그런데 이 화초가 좋은 꽃을 피우기 위해서는 춥고, 캄캄한 나쁜 환경이 필요하다. 이 화초는 이런 곳에서만 특유의 붉은 꽃을 피운다. 빛이 완전히 차단되고 추운 곳에서 남모르게 꽃을 피운다. 포인세티아의 파란 잎사귀가 어둠과 추위를 견뎌내고 꽃을 피워내는 모습은 불굴의 의지를 보는 것 같아 감동적이다. 만약 포인세티아가 있는 곳에 빛이 새어 들어가면 붉은 꽃에 얼룩이 생긴다. 심지어 이 화초는 비상구의 아주 약한 불빛에도 아름다운 꽃을 피우는데 있어 방해가 될 뿐이다. 포인세티아가 가장 아름다운 꽃을 피우기 위해서는 철저한 고립과 어둠의 세월이 필요하다.

고통은 사람을 강하게 만든다. 그러나 고통으로 강해지지 못한 사람은 죽고 만다. 행복한 때는 우리가 고난을 어떻게 견딜 수 있는지 알지 못한다. 고난 속에서 비로소 우리는 자기 자신을 알게 된다. 인생의 아름다운 꽃을 피우려면 춥고 고독한 시련의 터널을 지나야 한다. 이 역경의 터널을 거쳐 인간은 비로소 아름답고 성숙한 존재로 거듭난다. 고난을 두려워하고 그것을 회피하는 사람은 아무리 오랜 시간이 지나도 인생의 아름다운 꽃을 피울 수 없다.

기쁨이나 즐거움은
다른 사람과 화합함으로써 생긴다

어떤 한 농부가 좋은 옥수수 씨를 구해서 자기 밭에 뿌렸다. 그리고 그 농부는 열심히 옥수수를 키웠다. 그런데 농부에게 문제가 생겼다. 자신이 구해온 옥수수가 좋은 질을 유지하면서 성장하지 않았다. 농부가 자신의 밭을 둘러보았다. 그 때 마침 바람이 불었다. 농부는 보았다. 이웃의 꽃가루가 자기 밭으로 날아 들어오는 것을. 결국 이웃의 질 나쁜 옥수수가 농부의 질 좋은 옥수수의 성장에 지장을 주었다. 이러한 사실을 깨달은 농부는 질 좋은 옥수수 씨앗을 가지고 나와 이웃에게 나누어 주었다. 주위의 옥수수씨가 나쁘고서는 자기의 옥수수를 잘 기를 수가 없었기 때문이었다.

남을 싫어하고 재미없게만 생각하는 사람은 남에게 싫음을 받고 재미없다고 대우받는 사람보다 오히려 더 불행하다. 인간의 모든 기쁨이나 즐거움은 다른 사람과 화합함으로써 생기는 것이기 때문에 아무리 재물이 많고 유식하고 잘 생기고 지혜롭다 하더라도, 무인도에 가서 혼자 살다 보면 알 것이다. 도움이 될 만한 사람과 그 일을 함께 하라. 누군가와 함께 하면 혼자 하는 것보다 효과적이고 포기하지 않는다. 사실 우리 이웃이 잘 되는 것은 바로 내게도 유익하다. 장사를 할 때 남들도 잘 벌어야 돈이 돌아서 나도 잘 된다.

칭찬하고
충고하는 태도를 가져라

영국의 시인이며 소설가인 월터 스코트는 어렸을 때 열등생이었다. 그는 학교에서도 남아 열등생이 하는 나머지 공부를 하였다. 그러던 그가 15살 때 어떤 문필가 모임에 참석했다가 그림과 함께 시 한 줄을 썼는데 당시 유명한 시인이었던 로버트 번즈가 이를 알아보고 스코트를 불러 말했다.
"얘야, 타고난 소질이 있구나! 언젠가는 위대한 인물이 될 거야."
이 날 이후로 스코트는 열등감에서 벗어나 자신감을 갖게 되었으며 훗날 위대한 문인이 되었다.

당신의 동료들에 대한 비판적인 자세를 변화시켜야 한다. 칭찬하고 충고하는 태도를 가져라. 만일 당신이 사람들에 대해 비판하기 시작하면, 당신은 그들이 하는 모든 일에 대해 비판하는 자신을 발견할 것이다. 타인에 대한 칭찬을 찾음으로써 이런 심적인 자세를 대치하라. 아무리 작은 칭찬이라도 칭찬은 좋은 것이다. 타인에게 칭찬하는 것은 당신의 행복을 증가시키는 것이다. 칭찬과 격려는 자신에게도 상대방에게도 최고의 인생 영양제이다.

자신감은 성공으로
이끄는 제1의 비결이다

한 심리학자가 자신감에 대한 심리실험 결과를 발표했다. 이 결과는 상당히 흥미로운 결과를 담고 있었다. 이 심리학자의 실험은 사람의 정신 암시가 실제의 육체의 힘에 얼마만한 영향을 주는 가에 대한 것이었다. 아무런 조치도 취하지 않은 보통의 상태에서 3명의 남자에게 악력계를 쥐게 하였다. 그들의 평균 악력은 약 101파운드였다. 그리고나서 그 사람들을 대상으로 하여 참으로 약하다고 암시를 준 후 다시 재어보았다. 그랬더니 약 29파운드로 보통 힘의 1/3 이하로 떨어졌다. 이번에는 거꾸로 강하다는 암시를 준 후 재어 보았다. 그랬더니 약 142파운드에 달하는 결과가 나왔다. 이 심리실험은 자신이 강하다는 적극적인 정신 상태로 충만해지자 소극적이고 부정적이었던 상태 때보다 무려 500%나 그 힘이 증가했다는 것을 밝혀준다.

자신감은 성공으로 이끄는 제1의 비결이다. 자신에게 그 같은 힘이 있을까 주저하지 말고 앞으로 나아가라. 자신은 할 수 없다고 생각하고 있는 동안은 그것을 하기 싫다고 다짐하고 있는 것이다. 그러므로 그것은 실행되지 않는 것이다. 난 약하다, 난 못한다는 마음으로 포기하려는 유혹만큼 우리를 쉽게 쓰러뜨리는 것도 없다. 자신의 생각을 난 강하다, 난 해낼 수 있다는 마음으로 바꾸기만 한다면 당신의 삶은 좀 더 좋은 방향으로 전개되어 나갈 것이다.

좋은 습관은
행운과 부를 부르는 주문이다

미국 조지아주립대학의 경제학 박사 토머스 스탠리 교수가 '부의 세습'에 대한 연구결과를 발표했다. 그는 미국을 움직이는 백만장자들의 성장과정과 그들의 부의 상관관계에 대하여 연구하였다. 그 결과 미국의 재벌 중 80%는 중산층 또는 노동자 출신이었다. 부모로부터 기업을 물려받은 부자들은 겨우 20%에 불과했다. 그런데 자수성가한 사람들의 공통점은 부모로부터 '유산' 대신 '좋은 습관'을 물려받았다. 그들은 '근면, 성실, 정직, 용기, 신앙' 등 정신적 유산을 가장 소중하게 여겼다.

노력을 중단하는 것보다 더 위험한 것은 없다. 그것은 습관을 잃는다. 습관은 버리기는 쉽지만, 다시 들이기는 어렵다. 누구나 결점이 그리 많지는 않다. 결점이 여러 가지인 것으로 보이지만 근원은 하나다. 한 가지 나쁜 버릇을 고치면 다른 버릇도 고쳐진다. 한 가지 나쁜 버릇은 열 가지 나쁜 버릇을 만들어낸다는 것을 잊지 말라. 만일 의식적으로 좋은 습관을 형성하려고 노력하지 않으면 자신도 모르는 사이에 좋지 못한 습관을 지니게 된다.

당신의
신념을 믿어라

어느 무더운 여름날 한 남자가 기차의 냉동칸에 들어갔다. 그런데 갑자기 문이 닫혀버렸다. 캄캄한 어둠속에서 그는 당황해서 어쩔 줄을 몰라 했다. 그 남자는 있는 힘을 다하여 문을 밀어보고 걷어차 보았으나 소용이 없었다. 소리를 지르며 벽을 두드려 보았으나 이것도 아무런 소용이 없었다. 그는 낙심하였다. 다음날, 사람들이 그를 발견했을 때 그는 죽어있었다. 그러나 놀라운 사실은 그 기차의 냉동칸은 작동하지 않고 있었다. 그리고 그 안에는 아직도 충분한 산소가 있었다. 기온도 얼어 죽지 않을 정도의 온도였다. 그럼에도 불구하고 그 사람은 죽었다. 그 사람은 바로 살 수 있다는 신념을 버린 것이었다.

사람은 지금과 다른 어떤 변화를 싫어하고 두려워하는 잠재의식 때문에 더 발전할 수 있는 새로운 환경 앞으로 나가지 못하고 있다. 그러나 인생은 한 자리에서 서있는 것이 아니고 앞으로 걸어가는 것이다. 만약, 당신에게 그 일은 절대 성공한다는 보장을 누가 확실히 해준다면, 당신은 서슴지 않고 나설 것이다. 남의 힘을 바라지 말고, 당신의 신념을 믿어라. 굳은 신념이 당신의 새로운 성공을 보장한다.

그날 그날의 시간이야말로
인생의 양식이다

도스토예프스키는 러시아의 작가였다. 그는 28살 때에 사형을 선고받은 일이 있었다. 영하 50도나 되는 추운 겨울날 형장으로 끌려갔다. 형장에는 기둥이 세워져 있었고 한 기둥에 2사람씩을 묶었는데 그는 3번째 기둥의 가운데에 묶여있었다. 사형집행 예정시간을 생각하면서 시계를 보니 자신이 이 땅 위에 살아 있을 수 있는 시간이 5분 정도 밖에 남아 있지 않았다. 28년간을 살아왔지만 단 5분이 이렇게 귀중하게 생각되어지는 것은 처음이었다. 그는 이제 단 5분밖에 남지 않은 시간을 어디에다 쓸까 하고 생각했다. 형장에 같이 끌려 온 사람에게 마지막 인사를 하는 데 2분을 쓰기로 했다. 그리고 오늘까지 살아온 생활과 생각을 정리하는 데 2분을 쓰기로 했다. 남은 1분은 자연을 한번 둘러보는 데 쓰기로 했다. 이렇게 생각하면서 눈물이 고인 눈으로 옆에 있는 두 사람에게 최후의 키스를 하였다. 이제 내 자신에 대해 생각하려는데 문득 3분 후에 어디로 갈 것인가 하는 생각이 들면서 눈앞이 캄캄해지고 아찔해졌다. 28년이라는 세월이 너무나 헛되게 느껴졌다. 다시 시작할 수만 있다면 하는 생각이 절실했지만 이미 돌이킬 수 없었다. 탄환을 총에 장전하는 소리가 났고, 견딜 수 없는 죽음의 공포가 엄습했다. 바로 그 순간 한 병사가 흰 손수건을 흔들면서 달려왔다. 황제의 특별사면령을 가지고 왔던 것이었다. 그는 그곳에서 풀려 나와서는 정말 시간을 금쪽 같이 아끼며 최선을 다해 살았다. 그래서 많은 불후의 명작을 남기게 되었다.

그날 그날의 24시간이야말로 인생의 양식이다. 시간이 있으면 모든 것이 가능하나, 시간이 없으면 아무 것도 이룰 수 없다. 우리에게 필요한 건강과 즐거움과 만족, 그리고 다른 사람에게서 받는 존경도 오직 시간 속에서 짜내어야 한다. 그대는 인생을 사랑하는가? 그렇다면 시간을 낭비하지 말라. 왜냐하면 시간은 인생을 구성한 재료니까. 똑같이 출발하였는데, 세월이 지난 뒤에 보면 어떤 사람은 뛰어나고 어떤 사람은 낙오자가 되어 있다. 이 두 사람의 거리는 좀처럼 접근할 수 없는 것이 되어 버렸다. 이것은 하루하루 주어진 시간을 잘 이용했느냐 이용하지 않고 허송세월을 보냈느냐에 달려 있다.

양보하는 사람이
지혜로운 사람이다

유럽의 종교개혁자로 유명한 루터(Martin Luter:1483~1546)와 쯔빙글리(Ulrich Zwingli:1484~1531)는 종교개혁에 대한 견해가 틀렸다. 이 두 사람은 종교개혁에 대해 토론을 할 때마다 서로의 다른 의견으로 심하게 대립했다. 이 두 사람은 한 치의 양보도 없어 종교개혁은 지리멸렬한 상태였다. 이런 상황에서 이 둘은 마지막 담판을 지으려 토론장소인 산에 지어진 성으로 향하였다. 이 둘이 산등성이를 막 오를 때의 일이었다. 두 마리의 염소가 외나무다리 위에서 서로 지나가려고 대립하고 있었다. 이 두 염소는 하필이면 외나무다리 중간에서 만나 서로 가지 못할 상황이었다. 아무래도 싸움이 벌어져 그 상황을 해결할 것 같은 상황이었다. 루터와 쯔빙글리는 이 상황을 예의주시했다. 그러나 싸움은 벌어지지 않았다. 한 마리의 염소가 다리위에 엎드리자 다른 한 마리의 염소가 엎드린 염소의 등을 타고 다리를 건넜다. 엎드렸던 염소도 바로 일어나 다리를 건넜다. 루터와 쯔빙글리는 이 모습을 보고 깨달았다. 두 사람은 그 동안의 대립을 청산하는 악수를 나누었다.

쓸데없는 고집을 부리는 것보다 겸손한 태도를 지니며 양보하는 마음을 가져야 한다. 이것은 인격을 쌓는 데에 절대로 필요한 것이며 마음의 양심이 된다. 좁은 벼랑길을 걷다가 다른 사람을 만나면 걸음을 멈추고 다른 사람을 먼저 가게 하라. 세상을 살아가는데 한 걸음 양보함은 곧 몇 걸음 나아가는 바탕이 된다. 남을 이롭게 함은 바로 나를 이롭게 하는 바탕이 된다. 그러나 무슨 일이든 생각하지도 않고 양보하는 것은 어리석은 행동이다. 양보도 해야 할 때와 하지 말아야 할 때가 있다. 이를 구분하여 행동하는 사람이 지혜로운 사람이다.

노력만 한다면
단점도 장점이 될 수 있다

토스카니니(Toscanini, Arturo)는 세계적 지휘자로 곡을 모두 암기하여 지휘하는 것으로 유명해진 사람이다. 그는 원래 첼로 연주자였다. 그런데 너무 심한 근시안으로 고생을 많이 했다. 연주 중에는 눈이 너무 나빠 악보를 볼 수 없었다. 그래서 그는 악보를 모두 암기해야 했다. 다른 연주자들보다 몇 배의 고생을 해야만 했다. 어느 중요한 연주회를 앞두고 그는 악보를 집에 가져가 다른 때와 같이 악보를 열심히 보며 곡을 암기했다. 그런데 연주회 직전 그날까지 연습을 시키던 지휘자가 갑자기 급환에 지휘를 할 수 없게 되었다. 연주회 총책임자에게 발등의 불이 떨어졌다. 다른 지휘자를 대신할 여유도 없는 급박한 상황에 지휘를 할 만한 사람을 찾게 되었다.
"어떻게 하나, 다른 지휘자를 찾을 수 있으려나."
"어려울 거예요. 준비도 없이 이런 중요한 연주회를 지휘한다는 것은…,"
"그럼 연주회를 취소해야 되냐. 귀빈들을 다 초대했는데. 만약 중지한다면 손해는 물론 우리 악단에 나쁜 영향이 많이 있을 텐데…"
총책임자는 걱정에 어찌할 바를 몰랐다. 그 때 옆에서 잠자코 듣고 있던 어떤 사람이 말했다.
"토스카니니에게 말해 봐요. 그는 눈이 너무 나빠 악보를 다 외우는 사람이에요. 할 수 있을지도 몰라요."
"그래, 그럼 그 사람에게 말해보고 할 수 있다면 빨리 지휘자로 내세우게."
그래서 그는 지휘자로 뽑혔다. 악보를 다 외우고 있었기 때문이었다.

처음으로 오케스트라를 지휘한 토스카니니는 대성공을 거두게 되고 그 날을 기점으로 결국 세계적인 대 지휘자가 되었다. 이렇게 되면 어느 누구도, 그의 나쁜 시력이 꼭 그의 불행한 조건이라고만 말하지 못할 것이다. 사람은 누구에게나 단점이 있다. 그러나 반대로 어떤 사람에게든 한 가지 장점이 있다. 실패하는 많은 사람들은 자신의 단점만을 보고 거기에 매몰돼 스스로 실패를 만들고 있다. 조금만 달리 생각하면 단점도 장점이 될 수 있다는 사실을 망각한 채… 인간의 단점은 인간 자체의 영혼 속에 이미 내재하고 있다. 제아무리 완벽한 사람이라 할지라도, 단점이 없는 사람은 없다. 자신의 단점을 깨닫고 고치려고 노력한다면, 그것은 자신의 장점을 더욱 빛내주는 좋은 기회가 된다.

더 큰 것을 원한다면
먼저 버리는 것을 배워야 한다

한 사람이 지금 막 출발하고 있는 기차에 급하게 올라탔다. 그런데 너무 서두른 나머지 그의 신발 한 짝이 벗겨져 선로에 떨어졌다. 그러나 기차가 움직이고 있었기 때문에 그 사람은 떨어진 신발을 주울 수가 없었다. 그러자 그 사람은 얼른 나머지 신발 한 짝을 벗어 그 옆에 떨어뜨렸다. 동행하던 사람들은 그의 그런 행동에 놀라서 물었다.

"아니, 떨어진 신발이야 그렇다 해도 신고 있던 신발까지 벗어 떨어뜨렸는지요?"

그러자 그 사람은 미소를 지으며 대답했다.

"어떤 가난한 사람이 바닥에 떨어진 신발 한 짝을 주웠다고 상상해보세요. 신발 한 짝은 아무런 쓸모가 없을 겁니다. 하지만 이제는 나머지 한 짝도 갖게 되지 않았습니까?"

그는 인도 건국의 아버지라 불리는 간디였다. 그는 버림으로써 더 큰 것을 얻는다는 것을 아는 사람이었다.

"보상을 구하지 않는 봉사는 남을 행복하게 할 뿐 아니라 우리 자신도 행복하게 하는 것이다. 자기의 힘을 인류 전체에게 바치도록 요청되는 것은 단지 선인에 대해서 뿐 아니라 우리들 전부에 대한 요망이다. 이런 원칙을 준수하면 버림의 경지에 들어가 이기적인 것을 추구하는 욕망에서 벗어날 수가 있다. 이것이 인간과 짐승의 다른 점이다."
- 간디

실패에는
또 다른 기회가 숨어 있다

에디슨은 세상에서 가장 뛰어난 발명가 중의 한 사람으로 꼽을 수 있는 사람이다. 그는 플로리다의 작은 도시에 실험실을 만들어, 언제나 겨울 동안은 거기서 연구를 계속했다. 에디슨이 전구의 필라멘트를 만들 때 계속된 실패를 보면서 그의 조수가 그에게 질문했다.
"선생님 조건에 맞는 실험을 다해 보았습니다. 선생님은 불가능한 일을 하려고 하십니다."
이 말을 들은 에디슨은 조수에게 이렇게 대답했다.
"그렇지, 이것으로 9천 가지 종류의 재료는 쓸 수 없다는 것을 알았다. 그러니까 지금부터 열심히 쓸 수 있는 하나의 재료를 찾아내야지."
에디슨은 결국 이런 과정을 거쳐서 필라멘트를 만들어 내었다. 그는 결국 9천 가지의 실패를 딛고 하나의 성공을 이룬 것이었고 사람들은 9천 가지의 실패를 기억하지 않고 단 하나의 성공을 기억하는 것이다.

목표를 향해 성실하게 노력하다가 무참히 실패한 것이 게으르고 소심한 사람으로 평범하게 사는 것보다는 더 낫다. 용기를 다하여 싸웠으나 박수 갈채도 받지 못한 것이, 어떤 큰일을 위해 모험을 하지 않고 혼자만의 만족 속에서 사는 것보다 더 낫다. 왜냐하면 노력하다가 실패한 사람은 좀 더 나은 날을 위한 창조자가 될 수 있으며, 비록 그가 승리를 얻지 못한다 하더라도 그로부터 다른 사람들이 그의 방법을 배울 것이기 때문이다. 한두 번의 실패에 좌절하지 마라. 오히려 그 실패 속에 감춰진 엄청난 재산을 찾아내야 한다. 우리의 삶도 그렇다.

문제는
작업복을 입고 있는 기회이다

N, V. 필은 유명한 목사였지만 심리상담가로 더 유명한 사람이었다. 어느 날, 그가 번화가를 걷고 있었다. 그런데 길거리에서 어떤 남자가 그를 알아보고는 그에게 이런 상담을 해 왔다.
"선생님, 제게는 아주 큰 문제가 있습니다."
그 사람은 필 목사에게 아주 걱정스러운 표정을 지으며 말했다. 그러자 필 목사는 웃으면서 그에게 대답했다.
"그래요? 그럼 여기서 가까운 곳에 수많은 사람들이 있어요. 그들에게 물어보세요. 그 중 한 사람이라도 자신에게 문제가 없다고 대답하는 사람이 없을 겁니다."
걱정에 싸인 그 친구가 다시 필 목사에게 물었다.
"그럼, 제게 걱정 없는 곳을 가르쳐 주십시오. 저는 그런 곳에 가서 살고 싶습니다."
필 목사는 그에게 단호하게 대답해 주었다.
"그곳은 공동묘지뿐입니다"

문제가 꼭 문제만이 아니다. 문제는 더 큰 발전을 가져올 수 있는 기회라는 것을 알아야 한다. 문제가 없는 사람은 결국 죽은 사람들뿐이다. 다들 알겠지만 승자는 문제 속에 뛰어든다. 패자는 문제의 변두리에서만 맴돈다. 승자는 문제 속으로 뛰어들어 문제를 해결하고 더 높은 단계로의 발전을 꾀한다. 긍정적으로 생각하는 사람들에게는 문제란 단지 배움의 기회일 뿐이다. 그리고 그들은 문제란 결국 작업복을 입고 있는 기회에 불과하다는 것을 알고 있다.

삶은 새로운 것을 받아들일 때 발전한다

에머슨은 어느 날, 그의 아들과 함께 송아지를 외양간으로 몰아넣으려 하였다. 그러나 그리 쉬운 일이 아니었다. 에머슨은 송아지의 입장을 생각하지 않고 송아지를 외양간에 넣는 것만을 생각하였던 것이다. 송아지의 바람은 아주 잊고 있었던 것이다. 그래서 에머슨은 송아지를 떠밀고 그의 아들은 고삐를 잡아 당겼다.
"이랴, 이랴, 제발 말 좀 들어라."
그러나 송아지도 에머슨의 마음과는 다르게 제 뜻대로만 하려고 했다. 송아지는 꼼짝하지 않았다. 그때 이 모습을 본 늙은 하녀가 말했다.
"제가 한 번 해볼게요."
"그럼, 부탁할게요."
그녀는 송아지가 원하는 것을 잘 알았던 것 같다. 그녀는 자기의 손가락을 송아지 입에 물리고 빨리면서 천천히, 그리고 매우 쉽게 송아지를 외양간에 넣었다.
에머슨은 대학자였지만 이 일을 통해서 크게 깨달은 바가 있었다.

배우는 길에 있어서는, 이제 그만하자고 끝을 맺을 때가 없는 것이다. 사람은 그 일생을 통하여 배워야 하고, 배우지 않으면 어두운 밤에 길을 걷는 사람처럼 길을 잃고 말 것이다. 삶은 새로운 것을 받아들일 때만 발전한다. 삶은 신선해야 하고 결코 아는 자가 되지 말고 언제까지나 배우는 자가 되어라. 마음의 문을 닫지 말고 항상 열어 두도록 하여라.

운명은
스스로 개척해 나가는 것이다

헬렌 켈러는 심한 장애를 입었지만 그 장애를 극복하고 위대한 일을 해낸 사람이다. 그녀는 약 100년 전에 미국에서 태어났다. 그런데 태어난 지 1년 9개월 만에 높은 열이 나는 병에 걸려 그만 귀도 안 들리고 눈도 멀고 말았다. 그래서 그녀의 부모는 학교에 갈수 없는 딸을 위해 수소문 끝에 설리번 선생을 모서 왔다. 설리번 선생은 일찍이 부모도 잃고 단 하나였던 남동생마저 잃고 고아로 자란 분이었는데 불쌍한 헬렌 켈러의 이야기를 듣고는 자진해서 도와주려고 하였다. 그리하여 설리번 선생은 그녀의 집에서 함께 지내기로 하였다. 어느 날 설리번 선생은 자기가 가지고 온 인형을 그녀에게 주는 것부터 공부를 시작했다. 인형을 받아 들고 기뻐하고 있는 그녀의 손바닥에 설리번 선생은 몇 번이고 인형이라는 글을 썼다. 그녀는 몇 번이나 선생님이 손바닥에 쓰는 동안에 '인형'이라는 물건의 이름을 알게 되었다. 인형의 이름을 안 그녀는 물건의 이름을 알았다는 기쁨에 넘쳐서 그로부터는 손에 닿는 물건의 이름을 물었으며, 마침내 이들에 대한 이름을 아는 것으로부터 의사소통도 하게 되었다. 그리고 훈련을 거듭한 끝에 말도 할 수 있게 되었다. 그녀는 어른이 된 후로는 세계 여러 곳을 다녔으며, 눈이 보이지 않는 사람, 귀가 들리지 않는 사람을 격려하였다.

아침에 일찍 일어나지 않으면 그날 일을 다할 수가 없다. 오늘 일을 오늘 하지 않고 내일로 미루기 시작하면 결국 시대의 물결을 쫓지 못하고 뒤떨어지게 된다. 많은 사람들이 그에게 주어진 기회를 잡지 못함은 오늘 일을 내일로 미루기 때문이다. 봄에 갈지 않으면 가을에 거둘 것이 없다. 사람들이 늘 새로운 마음으로 진실 되고 보람 있는 생활로 들어서려고 결심을 하고서는 막상 실행하지 못함은 의지가 약한 탓이다. 굳은 의지가 없이는 아무 것도 할 수 없다는 것을 깨달아야 한다. 의지가 약한 것은 인내력이 부족한 탓이다. 기회는 노력하는 사람에게 주어진다. 적극적인 사고방식을 가진 사람에게는 기회의 문이 항상 열려 있다. 우리의 삶은 기회로 가득 차 있다. 어떤 것은 우리 자신이 만들어 낸 것이고 어떤 것은 운명이 내려 주는 것이기도 하다. 그러나 그 기회를 잡느냐 못 잡느냐 하는 것은 순전히 우리 자신에게 달려 있다.

사랑은 가장 어려운 상황에서도 이겨낼 수 있는 힘을 준다

페스탈로치는 어린이에 대한 교육을 연구했던 사람이다. 그는 지금부터 200년 전 쯤, 빈민학교를 세워서 10여명의 부모 없는 어린이들과 생활하고 있었다. 그 중에는 아이로스라고 하는 소년이 있었다. 전에는 몹쓸 두목에 이끌려서 마을에서 거리로 돌아다니며 거지 생활을 강요당한 소년이었다. 같이 생활하던 어느 날, 눈이 몹시 내린 추운 아침이었다.
"아이로스가 없다."
"내 옷이 없어졌다."
이곳저곳에서 어린이들이 소란을 피웠다. 그의 부인도 말했다.
"내 돈이 없어 졌는데요."
이 소문은 마을에 퍼져 갔다. 지금까지 페스탈로치의 빈민학교를 비웃던 사람들은 노골적으로 욕을 했다.
"아니다, 아이로스는 틀림없이 돌아온다."
페스탈로치는 이런 상황에서도 아이로스에게 쏟은 사랑이 헛되지 않음을 굳게 믿고 있었다. 그로부터 열흘째가 되던 날의 밤이었다. 누군가가 똑똑 문을 두드리고 있었다. 페스탈로치가 문을 열어 주었다. 아이로스였다. 그는 페스탈로치의 품에 안겨 흐느껴 울면서 말하는 것이었다.
"선생님, 옛날의 그 두목이 협박해서 나쁜 짓을 한 거예요. 용서해 주세요."
페스탈로치는 아이로스의 등을 어루만져 주었다. 아이로스의 등에는 두목에게 얻어맞은 상처자국이 얼룩져 있었다.

사랑은 그 안에 고귀함을 지니고 있다. 곧 남의 좋은 점을 인정하고 그를 소중히 여기고 높이 평가한다는 사실을 상대방에게 느끼게 한다. 사랑은 인간이 선천적으로 지닌 폭력을 완화해 주고 불쾌한 것들을 멀리 함으로써 불행과 고통을 덜어준다. 이러한 자세는 이웃에게 참다운 삶을 살게 하고 고통스런 환경을 무난히 극복하게 하며, 그의 내적 상처와 피해를 생각하면서 그의 존엄성을 인정하는 것이다. 만일 우리 인생이 단지 5분밖에 남지 않았다는 사실을 안다면, 우리 모두는 공중전화 박스로 달려가 자신의 소중한 사람들에게 전화할 것이다. 그리고는 더듬거리며 그들에게 사랑한다고 말할 것이다. 우리에게 가장 귀중한 보물, 그것은 물질이 아니라 사랑하는 사람들이다. 우리 주위에 있는 그 많은 사랑하는 사람들…

기회를 얻을 수 있는
실력을 갖춰야 한다

한 정신과 전문의가 위기를 당했던 사람들을 대상으로 연구를 했다. 그 의사는 에릭 린드맨 박사로써 위기 후의 사람들의 변화에 대한 연구였다. 연구결과는 사람들의 생각과는 다르게 나타났다. 위기가 사람들에게 나쁘게 작용한 것이 아니라 긍정적인 역할을 하였다는 결과였다. 85%의 사람이 위기를 당함으로써 나쁜 습관을 고치고, 부부 관계를 회복했으며, 시간과 물질을 절약하는 등 인생에 있어 새로운 전기를 맞았다고 밝혔다.

인생에 있어서 기회가 적은 것은 아니다. 그것을 볼 줄 아는 눈과 붙잡을 수 있는 의지를 가진 사람이 나타나기까지 기회는 잠자코 있는 것이다. 비록 재난이라 할지라도 그것을 휘어잡는 의지 있는 사람 앞에서는 도리어 귀중한 가능성을 품고 있는 것이다. 부모의 유산도 자식의 행복을 약속해 주지 않는다. 우리는 우리가 상상하는 이상으로 자신의 운명의 열쇠를 가지고 있는 것이다. 흔히 사람들은 기회를 기다리고 있지만, 기회는 기다리는 사람에게 잡히지 않는 법이다. 우리는 기회를 기다리는 사람이 되기 전에 기회를 얻을 수 있는 실력을 갖춰야 한다. 일에 더 열중하는 사람이 되어야한다.

하나의 목적을 세우고
이루기 위하여 집중하라

이 지구상에 가장 빠른 동물의 하나로 치타라는 동물이 있다. 치타는 약 시속 70마일로 달릴 수 있다. 이 빠른 동물도 사냥을 할 때는 온 힘을 다한다. 이 동물은 먹이가 되는 동물이 아무리 많아도 그 중에 한 마리만을 정한 다음에 그 동물을 잡기 위해 최선을 다한다. 먹이를 사냥하는 도중에 주변에 쉽게 잡을 수 있는 동물이 있어도 치타는 처음에 정한 동물만을 쫓는다. 왜 그럴까? 치타라는 동물이 머리가 나빠서일까? 아니다. 이 지구상에서 가장 빠른 동물인 치타도 이것저것 쫓다가는 먹이 사냥에 실패할 확률이 높아진다는 것을 경험상으로 알고 있기 때문이다. 그래서 치타는 처음에 정한 먹이를 끝까지 따라가서 잡는다. 그렇게 한 마리에 집중할 때 사냥에 성공할 수 있는 확률이 높아진다. 사람들의 삶도 마찬가지이다. 하나의 목적을 세우고 그 목적을 이루기 위하여 집중해야 한다.

그 누구의 삶이건 그 사람의 삶은 숭고한 바다다. 나와 이 세상을 사는 사람들은 그 바다를 헤엄쳐 가는 형제들이다. 그 중 누가 난파해서 절망 속에 신음할지라도 그 발자취를 보고 오히려 용기를 가져야 한다. 쓰러지면 다시 일어나야 한다. 어떠한 운명에도 과감하게 맞서서 끝까지 성취하고 한없이 탐구하여 최선을 다하여야 한다. 그런 후에 기다리자. 행운을 기다리자. 인생의 성공을 기다리자.

온화한 마음이
더욱 좋은 관계를 맺게 해준다

교육학에는 하아로우의 실험이라는 이론이 있다. 미국 위스콘신 대학의 동물 심리학자인 하아로우(Harlow)는 인공 엄마 실험(artificial mother)이라는 특이한 실험을 했다. 그는 갓 태어난 원숭이를 헝겊으로 만든 엄마와 철사로 만든 엄마 앞에다 놓아 주었다. 아기 원숭이가 이 두 엄마 중 어느 엄마를 더 선호하느냐에 대한 것을 실험했다. 철사로 만든 엄마 원숭이에게는 가슴에 우유를 넣은 병을 매달아 주었다. 원숭이는 제왕절개로 태어났기 때문에 엄마를 본 적이 없었다. 우유를 더 좋아할까? 부드러운 품을 더 좋아할까? 실험대상인 아기 원숭이는 철사로 만든 엄마보다는 부드럽고 폭신한 헝겊 엄마 옆에서만 놀았다. 단지 배가 고플 때만 철사 엄마 한테 가서 우유를 빨아 먹었다. 이 실험에서 보듯이 동물들도 본능적으로 부드럽고 온화한 것을 원한다는 것을 알게 되었다.

인간관계도 그렇다. 누구든 날카롭고 딱딱하고 매정한 사람보다 부드럽고 온화한 사람을 서로 찾는다. 같은 재능, 같은 기술, 같은 능력을 가진 사람이라도 사회에서 원하는 사람은 온화한 마음을 가진 사람이다. 부드럽고 온화한 사람에게 친구가 있고, 이웃이 있기 마련이다. 온화한 마음이 있는 곳에 훈훈한 인간관계가 형성되고 성공하는 사회생활이 있다.